ゴトン・ロヨンの社会・南国インドネシアに生きる

――駐在勤務20年の体験記

岩井俊之

22世紀アート

序

過去四十年の仕事の人生を考えた場合、私の人生は南国インドネシアで始まり、南国インドネシアで終わったと言える。それほどどっぷりとインドネシアに浸かり、わき目も振らず、ただ一途にインドネシアで仕事をしてきたと思う。仕事が終わってみれば、二十年もの永きに亘りインドネシアで勤務する結果となった。連続してずっと二十年ではなく、ある時は二年、少し間をおいて五年とか通算二十年の勤務になったのである。

振り返ってみれば赤道直下のあの年中暑いインドネシアで、よくもこれだけの長期間、なに一つ大きな病気もせず、事故もなく、無事に勤務できたものだと我ながら感心するのである。

この二十年間、思えば色々なことがあった。楽しいことがあれば悲しいこともあった。ある時は喜び、ある時は悲しみ、そして泣いたこともあった。また淋しい、侘びしい思いをしたこともあった。そして時には祖国日本を思い出し、望郷の念に駆られたこともあった。

インドネシア滞在中は、それこそ山あり谷ありの仕事人生であった。ただ明確に言えることは、インドネシアで私は生き甲斐を感じて、喜びの気持ちをもって仕事をしてきたことである。インドネシアで仕事をしている時は、将に魚が水を得たごとく私は元気溌剌としていたことは確かである。

インドネシアは人口二億七千万人の東南アジア（アセアン）最大の国である。同時にイスラム人口が世界最大の国でもある。国土の面積は約百九十二万平方kmあって日本の約五・五倍で、東西の距離が約五千百kmというから、北米大陸の東西よりも長い。さらに一万三千六百七十七の島々を擁する世界最大の島嶼国家でもある。近年、地上衛星で見る限り、約一万八千百の島々があると言われ、三百以上の種族がおり、二百五十以上の言語を有する多民族国家でもある。またインドネシアは第二次世界大戦終了後の一九四五年八月十七日、それまでの三百五十年に亘るオランダの植民地から解放され、正式にインドネシア共和国として独立したのである。

ところでインドネシア国内のあちこちで目にする言葉に「パンチャ・シラ（Pancasila）」がある。「パンチャ・シラ」は「建国五原則」と言われ、インドネシア共和国憲法前文に掲げられているものである。五原則とは①神への信仰、②人道主義、③民族主義、④民主主義、⑤社会正義、の五項である。これはスカルノ元大統領が一九四五年六月に演説した内容に由来するもので、当時国家の理念が教育程度の低い大衆に理解されやすいように明解な言葉で表現されたものであると言われている。

次によく目にする言葉として「ビネカ・トゥンガル・イカ（Bhinneka Tunggal Ika）」がある。これは国章ガルーダ（Garuda＝神鷲）の中に記された言葉であり、「多様性の中の統一」という意味で、インドネシア国内の多民族を統一し、様々な伝統や文化を一つのものに調和させようとするために使用される言葉であって国是ともなっている。それほどインドネシア国内は多様であることを示しているのである。

さらにもう一つインドネシア国内でよく使われ、誰もが知っている言葉に「ゴトン・ロヨン（Gotong Royong）」（相互扶助）がある。これは互いに助け合うということだが、「ゴトン・ロヨン」の言葉がインドネシア国民の中に広く浸透し、そしてこの精神がインドネシアの社会を平和な、穏やかな、潤いのあるものにしていると思う。いわば「ゴトン・ロヨン」が平穏な、そして潤いのあるインドネシア社会を形成するための一種の潤滑油のような役目をしていると思うのである。

私は暇な休日などにはインドネシアの一般庶民の多くが住むジャカルタの路地裏を散策することがあった。困ったときは互いに助け合うという「ゴトン・ロヨン」の精神が路地裏の人々の間に浸透している光景を目の当たりにすることがあった。そこには「人情味」や「人間愛」があって、たとえ彼らは貧しくとも、いつも楽しく、幸せそうに暮らしていた。これは「ゴトン・ロヨン」の精神があるからこそと思うのである。

インドネシアは我々外国人にとっては不思議な国である。一度好きになるととことん好きになる国だが、逆に嫌いになるともう二度と行きたくない、そういう国であると思う。私は幸いにも前者であった。今まで後者に属する日本人を多数見てきたが、その殆どの人が病気になったり、ノイローゼになったりして、不幸にも仕事を中途半ばにして、日本に帰国したのである。いわばインドネシアの水に合う人、合わない人がはっきりする、二者択一を迫られる、そういう国であると思う。

インドネシアに勤務する日本人の間でよく囁かれる言葉だが、「インドネシアは納豆の糸のごとく、切っても切っても切れないように何度でも行きたくなる不思議な魅力ある国である」と。私は将にこの言葉にぴったり合致する人間であったのかも知れない。勤務を終えて一旦日本に帰国しても、暫くするとその内に心がむずむずして、また行きたくなる、そういう不思議な、魅力ある国であると思う。

それでは何故インドネシアがそれほど好きになることができるのか、何故納豆の糸のごとく切っても切れない思いが芽生えるのか、これを分析してみると①インドネシアは概ね対日感情がよい、②インドネシア人は概ね大らかで、親切で、人情味がある、③物価が日本より安く、生活がしやすい、④運転手やメイドさん等の人件費が安い、⑤ゴルフ好きの人にとっては、プレー代が安く、いつでも、どこでも手軽にできる等々、日常生活の身近なところの理由が挙げられる。

一九六六年（昭和四十一年）から始まった私の通算二十年という永い期間の体験記を書くには、次のように「四つの時代」と最後に「インドネシアに勤務して思うこと」を付け加え、全体を五つに分けるのがよいと考えた。五段階に区切って書いた内容は、いずれも私の二十年間に亘るインドネシア勤務で見たこと、聞いたこと、感じたことを、そのまま書いたものである。決してインドネシアに関する資料を寄せ集めて書いたものではなく私の体験記そのものである。

第一章　「独身時代」……一九六六―六八年（昭和四十一―四十三）
第二章　「単身赴任時代」……一九七三―七五年（昭和四十八―五十）
　　　　　　　　　　　　　一九八一―八二年（昭和五十六―五十七）
第三章　「家族帯同時代」……一九八二―八八年（昭和五十七―六十三）
第四章　「二回目の単身赴任時代」……一九九〇―九九年（平成二―十一）
第五章　「インドネシアに勤務して思うこと」

尚、私が勤務した四つの時代は、「開発の父」と言われたスハルト元大統領の強いリーダー・シップの下でインドネシアの国家建設政策が推進された時代であった。しかし一九九八年（平成十年）五月二十日、スハルト政権は退陣を余儀なくされ、その後ハビビ政権へと引き継がれて行ったのである。

私がインドネシアに勤務した時代は、実に三十二年間の永きに亘るスハルト体制の時代とほぼ重なっており、私はスハルト政権が崩壊する最後の瞬間までインドネシア国内にいて、激動するインドネシアの政治・経済状況をつぶさに見ながら勤務してきた日本人の一人であった。

・・・・・・・・・・・・・・

目次

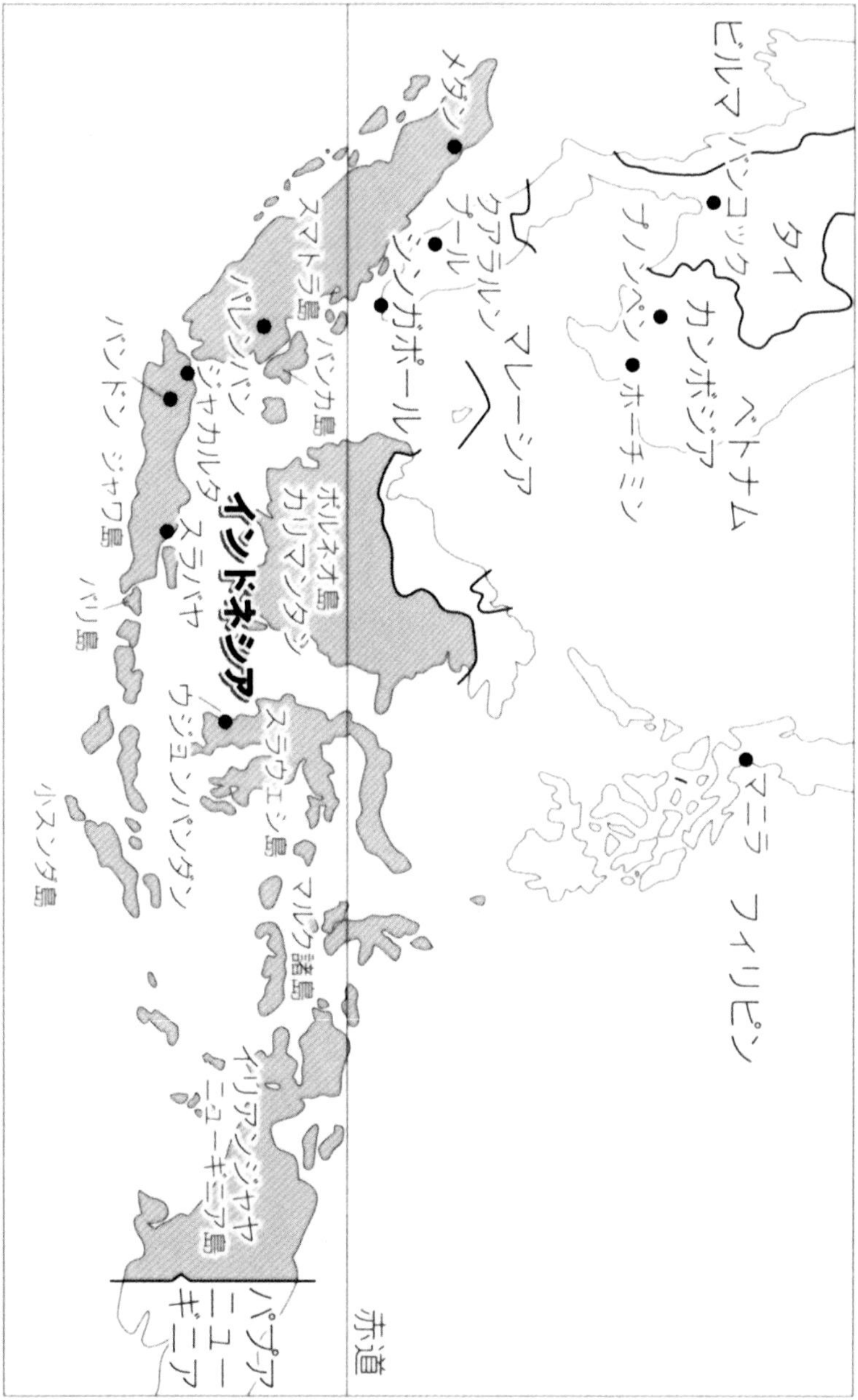

ビルマ
タイ
バンコック
カンボジア
プノンペン
ベトナム
ホーチミン
マレーシア
クアラルンプール
シンガポール
フィリピン
マニラ
メダン
スマトラ島
パレンバン
バンカ島
ジャカルタ
バンドン
ジャワ島
スラバヤ
バリ島
ボルネオ島
カリマンタン
インドネシア
スラウェシ島
ウジュンパンダン
小スンダ島
マルク諸島
イリアンジャヤ
ニューギニア島
パプアニューギニア
赤道

第一章　「独身時代」

初めてのジャカルタ赴任

勤務先である蝶理のジャカルタ駐在員として、初めてインドネシアの地を踏んだのは、忘れもしない一九六六年（昭和四十一年）十一月のことであった。

蝶理は繊維を中心に化学品や繊維機械等を取り扱う商社で、繊維を取り上げた場合、その取り扱い高は他の大手商社と較べて同じかそれ以上のものであった。私が入社した一九六一年（昭和三十六年）頃は合成繊維のナイロン、テトロンやアクリル等が盛んに出回った時代で、蝶理は東レ、旭化成、帝人の三大メーカーとの強力な関係の下に繊維分野で大いなる成長・発展を遂げた。会社全体の取り扱い高も他の大手総合商社の次にランクされる位置にまで伸びた。私の入社当時の大卒新入社員が百余名を数えたことは蝶理の著しい成長を示すものであった。

当時私は入社して五年、会社の命を受けて会社を代表する駐在員としてインドネシアの首都ジャカルタに赴任したのである。私は独身にして年齢二十八歳であった。

私の乗った飛行機は、小雨そぼ降る午後のジャカルタ・クマヨラン国際空港に滑り込んだ。インドネシアは既に雨季に入っていてジャカルタの飛行場は先程まで雨が降っていたらしく、その跡を残すように滑走路はしっとりと濡れていた。

当時、クマヨラン空港は国際空港という名は付いていても、今あるような大きな立派な空港とは違って、それこそ質素な、小さな建物が正面にぽつんとあって、その奥にある広い野原のような所に滑走路があるというお粗末な飾り気のない飛行場であった。私はまるで日本の寂《さび》れた地方空港にでも降り立ったような印象を受けていた。

荷物税関を通過して空港から一歩外に出ると、現地の代理店であるハッサラム・テジュマル社のチャンドル氏が私を出迎えに来てくれていた。彼はインド人で年は二十五歳くらいだろうか、すらっと背が高く男前で、いかにも育ちの良さそうな好感のもてる青年であった。

私は彼とは初対面であった。私は笑顔で握手をし、短い挨拶を交わして彼の用意した車に乗り込んだ。そして車はゆっくりとジャカルタの中心地へと進んで行った。

南国特有のスコールでも降ったのであろう、街の民家の茶色い屋根や木々が濡れていた。しかしスコールの後もまだ小雨が降り続いていた。雨を涙に例えるなら小雨そぼ降るジャカルタの街は、遠路遥々日本からやって来た私を嬉し涙で迎えてくれているように映った。

その後、私の乗った車はジャカルタの中心地を通過して、クバヨラン・バル（Kebayoran Baru）というジャカルタでも最高級の住宅街へと向かっていた。私は車の後部座席にどっしりと腰を沈め、この先ジャカルタで永く暮らさねばならないこと、既にジャカルタに着いたのだからいまさらジタバタしても仕方がないことなどを考え、覚悟を決めて落ち着くようにと自分に言い聞かせていた。車窓に展開するジャカルタの光景は、私にとってはすべて新しいものばかりであった。これが我が目指してきたインドネシアの首都ジャカルタの街なのかと少し興奮気味に街角の光景を食入るように見つめていた。

ジャカルタの街角に立っている看板の文字はすべてインドネシア語であった。その時、私はこれが昔学校で学んだインドネシア語なのだと思うと、なんとなく懐かしい思いに駆られ、みるみる内に親近感が湧いてきた。そして今やっと入社して以来待ちに待った、憧れのインドネシアに来たのだという思いで胸が一杯になり、達成感と満足感に浸っていた。

私は少年の頃、将来いつかは海外に出て仕事をしてみたいと夢見ていた。中学生の頃だったろうか、毎晩のように枕元で世界地図を眺め、海外行きを夢見ながら、いつの間にか地図を拡げたまま、そのまま眠りに就くことがあった。そしてその後、年を重ねていってもそういう思いは消えることがなかった。学校を卒業し海外行きを夢見て貿易商社に就職したのである。そしてその夢がやっと二十八歳になった今、叶えられたのである。

一九六六年（昭和四十一年）、当時はまだまだ一般の民間人が海外で仕事をする人は少数であった。端的に言えば、海外で仕事をするのは、外交官か商社員しかなく、ほんの一握りの人しか仕事で海外に行けなかった時代であった。いわば海外で仕事をする人はエリート視されていた時代でもあった。日本からの外貨持ち出しに厳しい制限があり、相手国のビザ入手も簡単ではなく、今のように自由に海外渡航はできなかった。そしてインドネシアの長期滞在ビザも我々民間人は三ヶ月毎の更新で最長六ヶ月しか与えられなかった。六ヶ月が過ぎると一旦国外へ出なければならなかったのである。

ところで首都ジャカルタの第一印象は、街全体がだだっ広く、高い建物らしきものが殆どなく、幅の広い立派な道路は走っているが、道の両側は所々野原などがあって、全体的には殺風景な街という感じで、一国の首都でありながら大都会というイメージから程遠いものであった。

また民家の屋根という屋根はすべて茶色、そして街の中に流れる川の水もまた茶色で、ジャカルタの街は緑の木々以外はすべて茶色一色で包まれていた。オランダの植民地時代に建てられたのだろうか、街の所々に白い低い建物が目に付く程度で飾り気のない地味な街であった。

ジャカルタの街の中は車が多い割には交通信号が少なく、車同士は互いに譲り合っているのかクラクションの音も殆ど聞こえず、車の流れは不思議とスムースであった。交差点に信号が無くても、運転する人々に互譲の精神があれば車が順調に進み、なんら交通に支障がないことを物語るお手本のような光景であった。ここにはインドネシア社会特有の「ゴトン・ロヨン」（相互扶助）の精神が作用しているのだろうか、運転手たちが互いに譲り合い、助け合う姿があった。すべては運転手たちの暗黙の了解というのか、車の流れは見事なもので「ゴトン・ロヨン」の精神があるからこそ成り立つものであると思った。

そして街のいたる所で、ベチャ（Beca）と呼ばれる人力車が客を乗せ、まるで魚がすいすいと泳ぐように、混雑する車列の中を右に左に縫うようにしてうまく通り抜ける光景が特に目に入った。

一九六六年（昭和四十一年）頃の首都ジャカルタの印象は以上のようなものであった。

最初の仕事

当時、本社がインドネシア向けに繊維品を輸出していたので、私のジャカルタ駐在員としての仕事は、日本からの輸出がスムースに行くようにフォローすることであった。具体的には新規契約を獲得すること、インドネシアの客先（輸入商）に新しい商品を紹介すること、客先の求める商品を本社に連絡すること、そしてインドネシアの市況を本社に適時報告すること、等々であった。

繊維織物に関しては、インドネシア国内では綿布の生産があっただけで、まだ本格的な繊維産業というものはなかった。従ってインドネシアはナイロンやポリエステルのような合成繊維織物については、その殆どを日本からの輸入に頼っていた。

私は毎日のように客先の事務所に出入りし、彼らに日本の新商品を紹介したり、新規契約のための値決めや納期などの交渉をしたり、客先の相談に乗ったり、市況の情報を得ること等々で日々明け暮れていた。そして私はその交渉結果や現地の市況等を逐一本社に電報や手紙で報告していた。これが私の最初のジャカルタ駐在員としての仕事であった。

商業地区コタと会社の事務所

会社の事務所は、ジャカルタ北部のタンジュン・プリオック（Tanjung Priok）の港に近い商業地区にあった。この商業地区は「ジャカルタ・コタ（Jakarta-Kota）」と言われる区域で、通称「コタ」と呼んでいた。貿易商や卸商が集まっていて、繊維ビジネスはここを中心に行われていた。「コタ（Kota）」とは本来「町」とか「市」の意味だが、この場合は「コタ」という地域のことである。

私はジャカルタ南部の住宅街クバヨラン・バルの社宅からジャカルタ北部のコタにある会社の事務所まで、車で約一時間またはそれ以上を掛けて毎日通勤していた。いわばジャカルタの南端から北端まで毎日炎天下の中、往復していたのである。

ところが毎朝・夕の通勤時の交通渋滞は激しかった。そして南国の強い直射日光を受けた車のボンネットは触ると火傷《やけど》をするほど熱く、大袈裟《おおげさ》に言えばボンネットの上に生卵をぽんと割って落とせば、たちまちにして目玉焼きが出来上がるほどの熱さであった。

会社の事務所に到着するとシャツが汗びっしょりで、既に一仕事でもしたかのように体はぐったりして疲れてしまっていた。毎日の通勤は交通渋滞の中の暑さとの闘い以外のなにものでもなかった。赤道直下ジャカルタでの通勤は強い太陽光線の下、激しい交通渋滞で私の体力を消耗させるに充分なエネルギーを消費した。そして通勤途上、時々車のクーラーが故障することがあり、その時には車窓を開けるが外からの熱気と道行く車の廃棄ガスが遠慮なく車内に入り込み、それこそ汚染された空気が充満する蒸し風呂にでも入っているような感じでとても息苦しく辛抱できるものではなかった。

事務所に着いて一休みしながらその日の仕事の計画を立て、本社からの電報や手紙をチェックした後、コタ地区にある客先の事務所を訪問することにしていた。

コタと呼ばれるこの商業地区の昼間は、うだるような暑さの中、今にも車輪が外れそうなおんぼろトラックが積載可能量以上の大きな荷物を積んでのろのろと走り、山盛りに荷物を載せた手押し車が蟻の行列のように行き交い、がたがたの乗合いバスがドアを半開きにして、次から次へと客を乗せてコタの中を駆け巡るのであった。その上ベチャと呼ばれる人力車がところ構わず走り回るなど、昼間のコタは交通の混乱状態が続いていた。

その上、コタ地区の道路という道路は殆どが舗装されていないため、車が通過するごとにたちまち砂煙がもうもうと立ち上がっていた。そしてここコタ地区には汚泥や汚物にまみれた川が殆ど静止に近い状態でゆるやかに流れていた。汚染された泥まみれの川の水はそれこそ黒褐色で、そこからは強い悪臭が遠慮なく放たれていた。

また道端の下水道には殆ど蓋が無くてそこには汚物が溜まり、ハエや蚊が群がってここからも一種独特の悪臭が放たれていた。

このようにインフラ整備が全くなされていない商業地区コタの昼間は、灼熱の太陽の下、車や人でごった返し、砂埃にまみれ悪臭に満ちた不衛生な世界となっていた。

しかしこういった悪環境のコタでも希望のもてる話題があった。それは昼食時ともなれば真っ黒に日焼けしたクーリーやタバコ売りたち、そして事務所で働くボーイや「ジャガ」と呼ばれる警備員たちが道端の屋台に集まって和気あいあいの中で談笑し、楽しく食事をする姿が見られることであった。彼らはなにを話しているのだろうか、顔面に笑みを浮かべながら幸せそうに食事をしていた。私はこういう光景を見ていつも思うことは、幸せとは一体何なのだろうかということであった。たとえ彼らはその日暮らしの貧しい生活をしていても、食事中の彼らの笑顔には、その日その日を生き抜こうとする希望の光がみなぎっていた。そこには幸せが読みとれた。そして幸せは決してお金だけで得られるものではなく、心の持ち方でどうにでもなることを彼らの笑顔が証明していた。

会社の事務所は古い倉庫を改造したような奥行きの深い建物の中にあって天井がいやに高く、中は薄暗く冷房がなくてもひんやりしていた。日本ではとても考えられないお粗末な侘びしい事務所であった。

時折、事務所の壁に止まっている「トケ（Toke）」という一種のやもりが「トケ・トケ・トケ」と南国の気だるい昼間の静けさを破って、鋭く太い声で鳴いていた。そしてまたどこから迷い込んできたのか、一匹の蝙蝠《こうもり》が突然事務所に飛び込んできて、当てもなく天井をぐるぐる飛んで回ることもあった。日本では決して見られない南国インドネシアの昼下がりの事務所の悠長な光景であった。

　事務所を一歩外に出ると前には広い道路があるが、この道路もまた舗装されておらず、車が通るたびにもうもうと砂煙が舞い上がっていた。特に乾季の時は道路が乾いているので大変な砂煙であった。事務所の前の道端には乞食や足を引きずった病人たちが通行人に手を差し出して物乞いをする光景が目に入った。このように昼間の商業地区コタは劣悪な環境の中にあった。

華僑と印僑

　コタ地区の輸入商たちは「華僑」と呼ばれる中国人、「印僑」と呼ばれるインド人で占められていた。本来の固有のインドネシア人は皆無に等しかった。インドネシアの経済は全人口の僅か三%の中国人やインド人に握られていると言われるが、コタ地区の状況を見れば、将にその通りであった。これはどうしようもない現実であった。

　彼ら輸入商たちは日本からの繊維品を大量に輸入していた。また彼らは大変勤勉で、商才にも長《た》けており、チャンスがあれば、ここぞとばかりに大量の繊維品を輸入して大儲けをすることがあった。しかし逆に大損をすることもあった。

　当時、日本の繊維織物は好評を博しよく売れていた。物によってはたちまちにして売り切れた。一九六六年（昭和四十一年）頃の私が取引していた華僑や印僑たちは、いわゆる一世や二世の人が多く、一世の人たちは本国の貧しい郷里におさらばをして新しいより良い生活を夢見てインドネシアへやって来た人たちであった。インドネシアの華僑は出身地別にみると福建省出身の福建人が全体の約五十五％、広東省出身の客家人が二十％、広東人が十五％、潮州人が十％ほどの構成と言われていた。出身地に依ってそれぞれ言葉が違うのである。

インドネシアにおける華僑の歴史は古い。一六一九年、オランダの東インド会社がバタビヤ（今のジャカルタ）を建設した時期、華僑をオランダ官吏に起用するなどして彼らを重宝し優遇したといわれている。

華僑の一世の人と親しくなると、彼らがインドネシアへやって来た当時の苦労話を語ってくれた。一文なしで中国の郷里を飛び出してインドネシアへ来たので、最初はレストランの皿洗いをして少しずつお金を貯め、それを資金にして商売を始めたことや小さな町工場を建てた話など昔を懐かしんで語ってくれることがあった。

華僑たちは家族や親戚縁者との連携を重視し、ビジネスでは常に一致団結して行動していた。たとえば我々が彼らの招待で食事をした場合など、必ずといっていいほど彼らの親戚縁者が参加し、どこから連れて来るのかアルコールに強い人を前面に押し立てて「乾杯」を繰り返し、我々が満足するまで、酔うまで、上手に接待してくれることがあった。ただその裏には、いつもビジネスで利益を得るという最終目標が見え隠れしていた。

また彼らは仲間同士のビジネスを電話一本ですることが多く、一々契約書を取り交わすことなく、互いの信頼の上に立って取引をしていた。しかし、もし一旦仲間の誰かが相手を騙《だま》したり欺《あざむ》いたりするとたちまちその噂が仲間内に流れ、その人は仲間から外されて二度とビジネス仲間に加われないという厳しい掟があった。これは華僑仲間内の暗黙のルールであり、ビジネスの厳しさを示すものであった。

私がよく知っている華人だが、金銭上誰かを騙したのか仲間から外されたことがあった。私がどこの輸入商の事務所や卸店へ行っても、「彼は悪い奴だ。人を騙した」と彼の悪い噂ばかりが流れていた。私は「ああこれがあの華僑仲間のビジネスの厳しさなのか」と思ったものである。結局、彼はジャカルタにおられなくなり東部ジャワのスラバヤへ逃げて行ったという噂が流れていた。

ところで我々日本人の場合は、個人ビジネスは別として会社をバックとした契約が多く、きちんと契約書を発行しサインをする。いわば海外では、会社に勤めるサラリーマンとしてビジネスを展開し、損得は最終的には会社の勘定に入ることになっている。しかし華僑や印僑たちはすべて一国一城の主ばかりであって、損得勘定はたちまち彼ら自身の帳簿に入るのであり、彼らは必死になってビジネスに取り組むのであった。だから、ビジネスで儲かる話があれば、彼らは休日でも私の社宅に突然押しかけて来て商談することもあった。彼らの商売の熱心さとその執着心には驚くものがあった。

私は華僑や印僑たちと接することによってビジネスは勿論のこと、人生の上でも大いに勉強させてもらった。そしてその後の私のインドネシアでのビジネスや私自身の人生を生きる上においても大いに役立ったことはいうまでもないことであった。

コタでの昼食

劣悪な環境の中にあるコタ地区に「グヌン・マス（Gunung Mas）」（金の山）という名のこじんまりした中華料理店があった。この料理店は会社の事務所から歩いて五分ほどの所にあった。場所的には非常に便利なので私は昼食を殆どここで摂ることにしていた。

この料理店は、昼の時間ともなれば、この地区でビジネスをする華人たちで賑わっていた。ここの中華料理は特別美味しいということはなかったが、我々日本人の口にはそこそこ合う料理であった。時々日本からお客さんがあれば、便利な場所なので昼食はここですることにしていた。

ただこの料理店は決して清潔な衛生的な店であるとは言えなかった。特に料理を司る現場（台所）を通過して、奥のトイレに行く時の通路は大変汚く不潔感が漂っていた。無論トイレも決してきれいなものとは言えなかった。そしてある日のこと、この店の不衛生さを示す決定的なことが起こったのである。

それは私が事務所で緊急の用事ができ、昼食を摂るのにこの中華料理店へ行くことができなかった日のことであった。料理店へ行くことができないため、予め電話で「ナシ・ゴレン（Nasi Goreng）」（焼き飯）を注文し、事務所のボーイに取りにやらせたのである。そしてボーイが持ち帰ってきた椰子の葉に包んだ焼き飯を食べ始めたが、半分ばかり食べた時、その中から死んだゴキブリがそのままの姿で入っていた。一瞬私は自分の目を疑ったが、実際ゴキブリの死体が焼き飯の中にうずくまるように横たわっていたのである。

私は最初このことを知るよしもなく、やおら椰子の葉を拡げて焼き飯を美味しく食べ始めた。そして食べている途中に死んだゴキブリの姿を発見したのである。しかし時既に遅しで、焼き飯の半分は食べ終わっていた。考えてみると、ゴキブリの出汁《だし》で料理された焼き飯をそれとは知らずに食べていたのである。ただ死体がバラバラでなかったことが幸いであった。さすがにこの時ばかりは気持ちが悪くなり、残りの焼き飯を直ちに事務所のボーイに捨てさせたが、無性に腹立たしくなった。でもそれ以上のことは、どうすることもできなかった。

当時、ジャカルタのコタという地区で仕事をしていると、こういうことも起こり得ると覚悟はしていたが、いざ自分の身に振りかかるとなると慌てふためいていた。そして私の心の中はあきらめ半分、しかし怒り半分もあって複雑な気持ちであった。このゴキブリ混入事件は、ジャカルタに来て間もない私にとって大きなショックであった。

それ以後私はインドネシアで焼き飯を食べる時、この事件を思い出しては中に何かが混入されていないか疑って食べることになった。商業地区コタでのゴキブリ混入事件は私にとっては忘れられない苦い思い出の一つである。

会社の社宅

社宅はジャカルタ南部の高級住宅街であるクバヨラン・バル（Kebayoran Baru）という地区にあった。この地区には大きな立派な家が立ち並び、外国人またはインドネシア政府の高級官僚たちが住んでいた。そして緑の木々に包まれ整然とした住宅街はいつも静かで、そこには南国の大らかなのんびりしたムードが漂っていた。

私の入っている社宅はこじんまりした平屋建てであったが立派な家であった。玄関を入るとリビング兼食堂の大きな部屋があり、寝室は大小合わせて三つ、さらに浴室兼トイレの部屋が一つあった。裏にはメイドさんとボーイの部屋がそれぞれ一つずつあった。前庭は青々とした芝生で埋め尽くされて裏庭にはバナナの木が植えられ、実がたわわになっていた。家の床は石造りで、雨季などはひんやりとして涼しさをも感じさせてくれた。

しかし社宅の浴室には湯船がなくお湯もなく、あるのは水槽に貯めてある冷たい水をかぶるだけの風呂であった。いわゆる「マンディ（Mandi）」（水浴）と称するインドネシア特有の風呂であった。インドネシアの人々は朝夕冷たい水を全身にざっーと勢いよくかぶるととても気持ちが良いというが、私はこのマンディ（水浴）に慣れるのに相当な時間が掛かった。

インドネシアに来たばかりの私は、雨季の涼しい朝に冷たい水を全身にかぶると身が震える寒い思いがしてとても辛い気持ちになった。その時思い出していたのは、私が高校生の頃、夏休みの一ヶ月間を比叡山の山奥の釈迦堂で過ごした時のこと、回峰行《かいほうぎょう》の僧か釈迦堂の修行僧だろうか、毎朝午前四時になるとまだ真っ暗な本堂の前でざっーと勢いよくかぶるあの冷たい水の音であった。インドネシアでマンディをする時は比叡山の修行僧がまだ暗い早朝に冷たい水をかぶっていたことを思い出すのである。

ジャカルタの雨季の朝、社宅で冷たい水をかぶることが毎日の修行と考えるなら、あの比叡山の僧侶たちの水をかぶる修行と相通ずるものがあるのではないかと私は独り考えることがあった。というのは私にとっては社宅のマンディの水は大変冷たく、苦痛を伴う修行のように感じていたからである。日本からやって来て間もない私はインドネシアの雨季の朝のマンディをそのように修行のように辛いと感じていたのである。

今は外国人が居住する家には殆どといっていいほどお湯があり、湯船があって全く問題はない。勿論インドネシアの人々は伝統的な冷たい水のマンディ（水浴）を愛用していることはいうまでもない。日本人の中にも冷たい水をかぶるマンディがとても良いという人がいることは付記しておきたい。

天国と地獄

昼間の暑い騒々しい商業地区コタでの仕事を終えて、静かな緑に包まれたクバヨラン・バルの社宅に帰ってくると私はほっと安堵の気持ちになった。高級住宅街のクバヨラン・バルと塵と埃にまみれた劣悪な環境にある商業地区コタとを較べると同じジャカルタでも雲泥の差があった。将に前者が天国、後者が地獄であった。

同じジャカルタなのに、地域によってどうしてこんなに天国と地獄ほどの差があるのだろうかと私は不思議に思っていた。何故コタ地区がインフラ整備、環境整備がされないのだろうかといつも思っていた。日本からやって来たばかりの私にはどうしてもこのことが理解できなかった。日本では同じ街の中であれば、これほどの格差はない。たとえ格差はあってもこれほど大きくはない。私はこういう格差に驚きの毎日であった。そして毎日が天国と地獄の往復であった。

しかし日が経ち、時が流れるにつれて、この格差が気にならなくなってきた。毎日コタで仕事をしているとこれが当たり前という感覚になって、コタの環境にもすっかり慣れてしまっていたのである。将に「住めば都」の言葉がぴったり当てはまる状況で、私は毎日の仕事場であるコタ地区を「住めば都」と考えるようになっていたのである。しかし日本から出張して来た人たちは口を揃えて大変な環境の所だと同情を示すものの、さっさと逃げるようにして日本に帰って行ったものである。

当時のインドネシア政府の悪い財政事情では、このコタ地区のインフラ整備に着手できなかったのであろう。長い間そのまま放置され、いつの間にか地獄の世界と化していたのである。片や高級住宅街クバヨラン・バル地区はオランダ植民地時代から既にインフラ整備がきちんとされ、緑豊かな素晴らしい環境の中にあって、早くから天国の世界となっていたのである。

陽気なインドネシア人

一九六六年のジャカルタは、前年の九月三十日のクーデター未遂事件があって、治安が極めて悪く暗い雰囲気の中にあった。しかしこういう暗い世の中でも陽気なインドネシア人がいた。それはビジネスの用事もないのに我々のコタ事務所にやって来てはストレスでも解消するかのように、大声を張り上げて帰って行く中年の陽気なインドネシア人男性がいることであった。

彼は第二次世界大戦中ジャワに上陸した日本軍にでも教えられたのであろうか、事務所に来ては直立不動の姿勢を取り、真面目な顔つきで我々に敬礼をして「キオツケ、ミギムケ、ミギ、マエニススメ・・・ケイレイ」と大声で挨拶し、続いて「ワタシワ　オカネモナイ　キモノモナイ・・・」とまるで歌謡曲に出てくるような文句を、片言の日本語で話し、物乞いをするでもなく愛嬌を振りまく陽気なインドネシア人だった。彼は濃い口ひげをはやし、身なりもきちんとした紳士然とした人で、黙っていれば地位の高い政府の高官のような人であった。

そしてその後には、「真白き富士の　気高さを　こころの強い　盾として・・・」で始まる戦前の日本の歌『愛国の花』を直立不動の姿勢で歌ってくれるのであった。政治的に不安定で、経済的にも困窮した暗いムードのインドネシア社会にも、このように底抜けに明るい陽気な人がいるのに驚いたものである。

後年、私はこの『愛国の花』の歌がインドネシアのあちこちで広く歌われていることを知った。この歌がスカルノ元大統領の愛唱歌であること、題名が『Bunga Sakura（桜の花）』としてインドネシア語の歌詞が付けられていること等を知って驚いたものである。そして私が日本人であると見れば、こちらから決して頼みもしないのに親切に日本の古い歌を歌ってくれる親日的なインドネシア人に出会うこともあった。

一九四五年（昭和二十年）の終戦時、まだ小学校二年生であった私は戦前・戦中のこのような古い日本の歌など充分知る由もなかったが、このようにして私が知らない日本の歌をインドネシア人に教えられることがあった。日本人である私が日本の歌をインドネシア人に教わるのも変な話だが、相手のインドネシア人から「あなたは知っているだろう（Tuan tahu, ya)」と言われて、たとえ知らなくても「うん、うん（Ya, ya)」と肯定し、彼らが一生懸命親切に歌ってくれる日本の古い歌や軍歌などに礼を失しないようにじっと静かに耳を傾けたものである。

日本軍がインドネシアを占領した時、軍事教育は無論のこと軍歌や国民歌謡、そして日本語等々をインドネシア人に厳しく教え込んだのだろう。彼らは戦後数十年経ってもよく憶えているし我々が日本人であるとみれば、昔を懐かしんで親切に古い日本の歌を歌って聞かせてくれるのである。

最初のメイドさん

一九六六年（昭和四十一年）、社宅では料理と洗濯を担当するメイドさんが一人いた。掃除と夜警を担当するボーイも一人いた。メイドさんの名前はサリーナといって年齢は三十歳前後だろうか、中部ジャワの農村出身であった。彼女はやや色が黒く太り気味で、いつもバティック（ジャワ更紗）のサロンという一種の腰巻を巻いていた。バストはインドネシアの女性の標準よりも大きく、自分では色気を振りまいている積もりなのかいつも彼女はお尻をぷりぷりと左右に振りながら歩く、実に明るい陽気な女性であった。彼女は二人の可愛い娘をもつ母親でもあった。夫と死に別れたのか親子三人で社宅の裏にある女中部屋に住んでいた。

私は今回インドネシアへ来て初めてメイドさんを使うこともあって、なにかにつけて戸惑うことが多かった。彼女はジャワの田舎でろくに学校も出ておらず、インドネシア語とジャワ語の会話のみは流暢だが読み書きができない、いわば文盲の人であった。

彼女は生年月日を親から教えられていないらしく、こちらが年齢を聞いてもはっきりした答えは返って来なかった。当時、インドネシアでは自分の生年月日を知らないメイドさんや運転手が大勢いた。しかし現在では中学校までが義務教育なので、教育レベルも向上し自分の生年月日を知らない人は殆どいない。

ところである日のこと、私は彼女にその日の夜の食事用にエビを買うよう指示したが、たまたまその時小さなお金の持ち合わせがなかったので、日本でいう一万円程度の大きなお金を黙って何も言わずに彼女に手渡した。

ところが彼女は何を考えたのか、その日一万円をすべて使って、バケツに一杯のエビを買ってきたのである。インドネシアは日本と違って確かにエビは安いが、それにしても大きなバケツに一杯のエビとは何ごとかと思い、彼女にこれだけのエビを誰が食べるのかと詰問した。彼女の返事は「トゥアン（Tuan）（旦那さん）が大きなお金をくれたのですべてを使ってエビを買ってきた」と言うのみであった。

私は彼女がその日の食べる分として適当な量を買い、つり銭を持って帰ってくるものとばかり思っていた。これが常識ではないだろうかと思った。

そしてその夜、食卓に並んだエビは私と同居の中村さんの二人分だけであった。残りのあの大量のエビはその日の内にすべてメイドの親子三人とボーイが食べたようだった。何故なら次の日バケツの中を見ると大量のエビが一匹も残っていなかったからである。その時瞬時に私はメイドに見事にやられたと思った。しかしそれ以上私はどうすることもできなかった。

インドネシアに来て初めて私はショックを受けた。後で聞いて分かったが、インドネシアではメイドさんに大きなお金を渡した場合、そのお釣りは返ってこないと思うべしということであった。仮に返ってきたなら、それはラッキーなことであると。なるほどそういうことであったのかと思ったがあとの祭りだった。

それ以後、私はインドネシアでメイドさんに買い物を依頼する場合、決してお釣りを期待するようなお金の渡し方をしなかった。お釣りがないようにきっちり渡すことにした。これは失望や落胆から自分を守る自己防衛の手段であった。

その後インドネシアに永く滞在して分かったが、メイドさんにも実に正直な真面目な人がいて、買い物のお釣りを一ルピアたりとも誤魔化さずに、きっちりと返却する人がいたのである。私はこの時ばかりは涙が出るほど感激し、インドネシアのメイドさんを見直す思いであった。最初のメイドさんがいかに悪質な人であるかは、後年正直なメイドさんに出会って初めて分かったのである。

この最初のメイドさんにはもう一つの悪い盗み癖というのがあった。というのは買ったばかりのお米が急に少なくなっていたので彼女を追及したところ、親戚の者が来てお米を持って帰ったと言う。そういえば、その日の朝数名の親戚らしき人が荷物を持ってこっそりと家を抜け出す後姿を私は偶然見ていた。メイドの話を聞いてあの人たちがお米を持ち出したと思った。当時我々日本人が食べるお米は上等で、現地の人が食べるお米より値段も遥かに高かった。それだけに無性に腹立たしく思った。しかしこのことは私が一日中家にいて、監視でもしない限り防ぎようがなかった。彼女の行為には、本当にあきれ返ってものも言えなかった。

さらに彼女は私の古い下着を盗むことがあった。ある日のこと、私は仕事が終わって社宅に帰ってきた時、家の前でメイドさんの娘が近所の子供と縄跳びをしているのに遭遇した。その娘が飛び上がった瞬間スカートがひらりと舞い上がり、その時だぶついた大きなパンツを穿《は》いているのが一瞬目に入った。その大きなパンツは、昨日なくなった私のものに非常によく似ていたので、メイドさんを呼んで聞いたところ、彼女は私の古いパンツを盗んだことを白状した。しかも男物のパンツであるため、前を縫い合わせて娘に使わせていると言う。それも彼女はなんら悪びれることなく平気で、しかもにっこり笑って白状した。これには私も全くあきれ返って、怒るに怒れずお手上げの状態だった。

私は彼女に対し「欲しいのであれば、欲しいと言いなさい。いつでもあげるから」と言い、決して黙って人の物を盗まないようにこんこんと説教をした。彼女はその時だけは神妙な顔つきで黙って私の言うことを聞いていた。

しかし彼女はお金持ちから物を盗るのは大した罪ではなく、むしろ許されるものと思っていたのかも知れない。イスラムの教義にある「五行」の中の「喜捨《きしゃ》（寄進）」にでも該当するのだろうか、彼女はお金持ちから頂くのは特別問題ないと思っていたのだろう。ただ仏教国に育った私にとっては、黙って他人の物を盗むことはとても理解できない許せない行為であった。

ところが私の見る限り彼女は決して計画的な悪質な知能犯ではなく、目の前に欲しいものがあればついつい手を出す単純犯であった。彼女は日頃から簡単に楽観的に考える人で、自分がしたことはそれほどのことでもないと思っていたのかも知れない。そして私は彼女がいつもにこにこしている笑顔を見て、彼女には憎むに憎めないところがあると思った。

もし彼女が繰り返し悪さをするなら辞めさせようと考えたが、可愛い二人の娘をもつ彼女が失職でもすれば親子三人は路頭に迷うことが明白であったため、それは敢えてしなかった。結局、可愛い二人の娘がいることを考慮して最後まで彼女をメイドとして使い通したのである。

ジャカルタの治安状況

一九六五年（昭和四十年）九月三十日、世にいう九月三十日事件がジャカルタで発生した。これはインドネシア共産党のクーデター未遂事件であった。

大統領の親衛隊の一部が九月三十日の夜、ハリム空軍基地に近いルバン・ブアヤ（Lubang Buaya）に集結して七人の将軍を襲ったのである。そのうちの六人は殺害されたが、国軍のトップであったナスチオン大将だけが助かった。殺された六人の将軍の死体はジャカルタのルバン・ブアヤに捨てられたのである。

この時の陸軍戦略予備司令官であったスハルト少将がこの事件を鎮圧し、その後一九六七年三月大統領代行になった。一方この事件でスカルノ大統領は失脚したのである。

そしてインドネシア共産党がこの事件を指導したとして、インドネシア軍は徹底的に共産党を弾圧し、一説に依れば掃討作戦で二十―三十万人の共産党員が殺害されたとも言われている。勿論共産党の活動は禁止され同党は壊滅したのである。このことは中国にも向けられ、インドネシア在住の華僑も厳しい弾圧を受け、中国との外交断絶にも発展したのである。

私はこの事件の翌年の一九六六年（昭和四十一年）十一月、ジャカルタに赴任したが治安状況は極めて悪かった。ジャカルタ全域に夜間外出禁止令が出され、夜の十時以降に外出すれば生命の保証はないというものであった。

ジャカルタの街角では、昼間といえども軍隊が厳しく見張りをしていた。武器を持っていないかどうか、通行中の車を一台ずつ止めては厳重にチェックしていた。私が乗っている車も幾度となく停止を命じられ調べを受けた。実際に街角で厳戒中の軍隊に取り調べを受けるとなると、間違って発砲でもされないかといつも不安な気持ちになった。この時のなんともいえない嫌な感じは今も忘れない。

従って私は夜になると一切外出することはなかった。仕事を終えて社宅に帰ると翌朝までずっと家の中に篭りきりの日が続いた。メイドさんの作った食事だけでは飽きがくるので、たまには夜に外食をしたいと思うことがあったがそれもままならず、毎日不便な生活を送っていたのである。

また私の乗っている自動車の前後の窓ガラスに日の丸の旗を印した紙を貼っていた。これは我々が弾圧を受けていた中国人と間違えられては困るので、敢えてこのようなことをしていたのである。私はいくら仕事のためとはいえ、大変な時期にインドネシアへ来たものだと思ったものである。

ジャカルタの日本料理店

一九六六年（昭和四十一年）、私の知る限りでは、ジャカルタには日本料理店が二軒しかなかった。一つはジャカルタの住宅街のメンテン地区にある「菊川」という料理店ともう一つは日本の戦後賠償で建てられたサリーナ・デパートの最上階にある「すみれ」という店であった。この二軒の日本料理店は、我々ジャカルタに住む日本人にとっては非常に有難く貴重な存在であった。

特に「菊川」には畳のお座敷があって、インドネシアの女性が日本のゆかた姿で接客していた。母国から遠く離れて働いている我々日本人男性にとっては、このゆかた姿の女性を見ることで心が大いに癒され、懐かしい日本を思い出したものだ。当時はまだ、日本人駐在員で家族連れの人は極めて少なく殆どが単身赴任者であったから、なおさらゆかた姿の女性を見ては日本を恋しく思い出していた。

ジャカルタで日本人女性を見かけるのは、外交官夫人かインドネシア人男性と結婚した女性かそれとも一週間に三回クマヨラン国際空港に降り立つ日本航空のスチュワーデスくらいのもので、ジャカルタに住む日本人男性は本当に淋しい、侘びしい思いをしていた。私は日本から来る客を出迎えるため度々クマヨラン空港へ行くことがあったが、空港に降り立つ若い日本航空のスチュワーデスが将に「竹取物語」に登場する「月の都」から地上世界の竹取の翁《おきな》夫婦のもとにやって来たあの美しい「かぐや姫」のように映ったものである。日本人スチュワーデスが「かぐや姫」のように見えたのはそういうジャカルタの侘びしい環境が影響していた。

「菊川」は夜ともなると日本人で大変賑わっていた。店内は琴で演奏された歌の無い歌謡曲が流されていた。日本の懐かしいメロディーばかりであった。異国の地で聞く「琴の音」は我々日本人の心を癒し、祖国日本を思い出させ、なんともいえない侘びしい切ない気持ちにもさせるのであった。

「琴」は日本古来の伝統的な楽器であって『源氏物語』の「花散里《はなちるさと》」の巻《まき》には光源氏が中川（地名）の付近で昔一度訪ねたことのある女の家から流れてくる「琴の音」を聞くシーンがあり、『平家物語』には高倉天皇に寵愛された小督局《こごうのつぼね》が月明かりの嵯峨野で「名残の琴」を弾く話が出てくるなど古い時代から「琴」にまつわる話があるが、ここ南国インドネシアのすっかり涼しくなった静かな夜に聞く「琴の音」はまた格別の趣があり、風情があって私の心をこの上なく癒してくれるのであった。

昼間のうだるような暑さをすっかり忘れて、ゆかた姿のお姉さんたちが運んでくれる冷たいビールを飲みながら、「枝豆」「冷やっこ」「天ぷら」「冷やしそーめん」等の日本料理にありつけることは、この上ない幸せな気持ちになったものだ。それほど日本料理に飢えていたのである。

ここ「菊川」で働くインドネシア人女性たちは、スラウェシ島（旧名セレベス）北部のメナド（Menado）という町の出身者たちであった。メナドの人々はインドネシアの中でも教育水準が高く、フィリピンに近いためかキリスト教徒が多く、女性は色白で美人の多いことでも有名であった。日本の化粧品「メナード」ブランドはこの地名に由来すると聞いている。この料理店の女性たちもその例に漏れず、色白の美人ばかりでゆかた姿がとても似合っていて、一見日本人女性と見間違うほどであった。

またこの料理店の経営者は日本人で、我々日本人の口にぴったり合う料理を提供してくれた。そしてなんといっても、日本の下駄を履いたゆかた姿のインドネシアのお姉さんたちが運ぶ料理を畳のお座敷で食べることができるのは、我々インドネシアに滞在する日本人にとってはそれこそ天にも登るような幸せな思いになり大変有難いものであった。

一方、もう一つのサリーナ・デパートにあった日本料理店「すみれ」はあまり長続きせず、いつの間にか閉店していた。

現在ジャカルタには数え切れないほどの日本料理店があり、ジャカルタに在住する日本人は今日はどこで食べようか、明日はどこにしようかと選ぶのに苦労するほど多くなっている。時代の流れをひしひしと感ずるのである。

それにしても一九六六―六八年当時の日本料理店「菊川」は、ジャカルタに勤務する我々日本人にとって大変有難い存在であった。

日本の戦後賠償で建てられたホテル

日本の対インドネシア賠償協定は総額八億ドル（当時の円換算で二千八百八十億円）で、一九五八年（昭和三十三年）一月二十日調印された。

当時、この賠償の一部で四つのホテルが建てられた。それは、ジャカルタにある「ホテル・インドネシア」、西部ジャワのインド洋海岸に面する「サムドラ・ビーチ・ホテル」、中部ジャワの古都ジョクジャカルタにある「アンバルクモ・ホテル」、そしてバリ島の「バリ・ビーチ・ホテル」であった。

一九六六―六八年、私はこの四つのホテルをすべて訪れる機会があった。これらのホテルは当時としては最高級の超豪華ホテルであった。宿泊客は主として外国人かインドネシアの富裕層の人々であった。

この中でも私が頻繁に利用したホテルは、なんといっても一九六二年（昭和三十七年）ジャカルタの中心地スディルマン通りに建てられた「ホテル・インドネシア」であった。初代大統領スカルノの陣頭指揮の下で建てられた「ホテル・インドネシア」は、同じく賠償で建てられたタムリン通りの「サリーナ・デパート」と並んで日本とインドネシアの友好・親善を表わす象徴的な建物であった。

ジャカルタの街には、この二つの建物以外に、これといって建物らしいものがなかった。ただ同じく賠償で建てられる予定のヌサンタラ・ビルが途中で資金不足に陥ったのか、鉄骨だけが組み立てられたまま幻の建物としてタムリン通りに淋しく佇んでいた。

ホテル・インドネシア

一九六六年、「ホテル・インドネシア」はいつも満室状態が続いていて、早くから予約しなければ部屋はとれなかった。日本からの出張者は殆どこのホテルに宿泊した。ジャカルタでこれ以外には、オランダ植民地時代に建てられた小さな二階建ての「ホテル・デス・インデス」と「ダルマニルマラ」という二軒のホテルがあった程度で、「ホテル・インドネシア」と較べると格段の差があった。

「ホテル・インドネシア」に関して、日本の戦後賠償で贅沢なホテルを建てたものだと批判する人もいたが、一九六二年（昭和三十七年）のジャカルタでのアジア大会に参加する外国人選手の受け入れのため、急遽必要に迫られ建てられたものであった。また我々ジャカルタに勤務する日本人にとっては日本からの来客受け入れのため、このホテルは利用価値のある大変有難い存在であった。後年インドネシア政府が外資導入政策を推進したことで、さらに多くの外国人がわんさとジャカルタにやって来て、このホテルに宿泊したのである。いわば「ホテル・インドネシア」はインドネシアの経済発展のために多大なる貢献をしたと言える。そういう意味ではこのホテルは決して贅沢な建物ではなかったと言える。

しかし一九七〇年代中頃から、ジャカルタに外資系の「ホテル・ボロブドゥール」などの新しい高級ホテルが建ち始め、国営の「ホテル・インドネシア」はその競争の中に巻き込まれて行った。そこで同ホテルは競争に勝ち抜くため宿泊費を大幅に値下げし、宿泊客の獲得に努めたが、続々と外資系のホテルが進出する中で外国人客が大幅に減少し、客の殆どが今度はインドネシア人にとって代わるようになった。しかしその後ホテルの老朽化もあって「ホテル・インドネシア」は衰退の一途を辿って行った。

私は度々「ホテル・インドネシア」のプールで水泳することがあった。休日に気が向いた時、水着を用意して昼頃に一人でふらっと家を出てホテルに向かうのであった。ホテルのプールは、背の高い椰子の木々や絨毯を敷きつめたような青い芝生、ブーゲンビリアの真っ赤な花などに囲まれ、喧騒のジャカルタの中心地にあるとはいえ、ここだけは不思議と静寂な雰囲気に包まれ別世界を形成していた。

プール・サイドでは、時々数羽のカラスが昼間の静けさを破って「カア・カア」と大空に響き渡る声を出し、気まぐれに鳴いていた。将に南国の気だるい、静寂が漂う、のんびりした昼下がりのひと時であった。

ひと泳ぎした後、私はプール・サイドの安楽椅子にどっかり身体を横たえ、何も考えることなく揚げたばかりの熱いポテト・チップスを「おつまみ」に、冷えた生ビールのグラスを傾けることがここでの最大の楽しみであった。この時ばかりはこの世に生きていて良かったという思いであった。

「ホテル・インドネシア」以外に私が度々訪れたホテルに、同じく日本の戦後賠償で建てられた西部ジャワのインド洋岸に建つ「サムドラ・ビーチ・ホテル」があった。

私が最初ここを訪れたのは一九六七年（昭和四十二年）のことである。このホテルは、ジャカルタから南方向へボゴールからスカブミの町を経て、車で約三時間半のところにあるプラブハン・ラトゥ（Pelabuhan Ratu）という小さな町にあった。このホテルは荒波の押し寄せるインド洋海岸に面して建っており、海岸地帯一帯は景色が美しく人々が集まるリゾート地になっていた。海岸の美しさはバリ島のクタ・ビーチやサヌール・ビーチに匹敵するもので、長く続く弓なりの海岸線は雄大で人の心を魅了するに充分な素晴らしさがあった。この辺りには建物らしいものは一切なく、ただサムドラ・ビーチ・ホテルだけが一つぽつんと背伸びをして空に聳えるように建っていた。そしてこのホテルはインド洋から吹いてくる強い南の風を一手に引き受けていた。海岸に打ち寄せる波は荒く、とても海水浴ができる状況ではなかった。それでも敢えて海水浴を試み沖へ出る人がいて、荒波に呑まれて死者が出ることもあった。現に東欧の国だったろうか、外交官が荒波にさらわれて帰らぬ人になった話は有名であった。

そして何よりも興味深かったのは、この海岸沖の荒波の海に美しい「ララ・キドゥル」という女王（女神）が住んでいるという伝説のことであった。ここで泳いでいる人が荒い波にさらわれてしまった時には、地元の人々は「ララ・キドゥル女王」がまたもや一人を従者として連れ去ったのだと噂するのであった。また「サムドラ・ビーチ・ホテル」の一室は「ララ・キドゥル女王」用に常時キープされており、この部屋にお供えがされていることもホテルの従業員から聞いた。ここでは「ララ・キドゥル女王」の話は有名であった。

私はこのホテルに滞在中、必ず一度はプールで泳ぐことにしていた。水泳中は南国の強い太陽光線を受けて私の肌は瞬く間に黒く焼けた。日頃の忙しい仕事から解放され、プール・サイドの椅子に横たわり海岸に打ち寄せる荒波の音を子守唄と聞き、うつらうつらとして居眠りすることがあった。この時こそ、日頃仕事で疲れきっている私にとって最高の休養ができるひと時であった。このホテルは当時ジャカルタから簡単に車で行ける数少ないリゾート・ホテルの一つであった。私は気分転換のため、ジャカルタを脱出しては、このホテルを度々訪れた。そしてこのホテルで何も考えることなく、ただのんびりと南国のひと時を過ごして、明日への活力を養うことにしていたのである。

独身時代の勤務が終了

一九六六年十一月から一九六八年五月までの一年半は、独身時代のインドネシア勤務であった。当時、海外勤務のためとはいえ日本を出国することはこの先いつ日本に戻れるか分からないことを意味していた。というのは海外渡航が自由ではなく相手国のビザのこともあり、それほど簡単に外国との行き来ができない状況にあったからである。

特に一九六〇年代前半の頃、海外勤務に出る人があると万歳三唱をして送り出したものである。まるで戦場に戦士を送り出すかのような光景であった。一旦国を出ると、いつ帰って来られるか分からないという思いがあって、外国へ島流しの刑でも受けるような気分になることさえあった。こういった当時の海外勤務者の心境を考えると、日本の古典文学『平家物語』に登場する俊寛僧都《しゅんかんそうず》が鹿ケ谷《ししがたに》の謀反で、平清盛に依って鬼界ヶ島《きかいがしま》に流され、遂に都に帰ることなく島で悲運の生涯を閉じた話を思い出すのである。俊寛僧都のような悲壮な過酷なものでなかったにせよ、一九六〇年代の長期海外勤務者はこの種の覚悟をもって海外へ旅立たねばならなかったことは確かである。私自身もその一人であった。

ところで今回独身の海外勤務は家族というものが日本にいないこともあって、どことなく気楽な気持ちであった。要は自分一人のことを考えていればよかったのである。

ただ私が遠く離れた赤道直下の暑い国へ行くことに対し、日本にいる父母は日夜心配していたと思う。特に一九六六年頃は海外からの情報というものが充分入って来なかった時代であり、両親の心配は想像以上のものであったと思う。このことは今私自身が遠くで働く息子をもって、初めて分かることである。私は今遠くで働く息子のことを日夜心配し、元気にしているだろうか、困ったことはなかろうかと思っているように、私の両親は遠い熱帯の地で働く私のことを心配していただろうと思う。「親の心、子知らず」と世間でよくいうが、私は親になって初めて「親の心」が理解できたのである。

今から思えば、独身時代の海外勤務中、日本にいる父母を安心させるため私はもう少し頻繁に便りを出すべきであったと思う。父母宛に殆ど便りを出さなかったことを今深く反省しているところである。

第二章　「単身赴任時代」

二回目のジャカルタ駐在

今回のインドネシア勤務は、一九七三年（昭和四十八年）九月に始まり一九七五年（昭和五十年）八月に終わる二年間であった。この時期、私は既婚であったが家内が日本での出産を控えていたため単身でジャカルタに赴任した。

前回のジャカルタ駐在から既に五年が経過していた。即ち蝶理（株）で五年の内地勤務を経て再びジャカルタ駐在となったのである。二回目の駐在ともなるとある程度ジャカルタのことは分かっているので気分的には非常に楽であった。ただビジネスは今まで以上に厳しさが増していた。というのはインドネシアの国内繊維産業の発展で国内生産が本格的に始まり、基本的な商品はもはや輸入に頼る必要がなく、私の担当する日本からのインドネシアへの輸出ビジネスは減少の一途を辿っていたからである。いわば私は今回先行きの暗いビジネスに挑戦しなければならなかったのである。

様変わりのジャカルタ

前回の駐在時から五年も経つとジャカルタの街は大きく様変わりしていた。この五年間でインドネシアは急速に大きな変化を遂げていた。スハルト政権の経済重視政策が推進され、インドネシア政府は外資導入に積極的に乗り出していたのである。

先ず、ジャカルタ市内のあちらこちらに今まで見られなかったような高層のビルや高級ホテルが建ち始めていた。そしてインドネシア政府の外資導入政策の推進でジャカルタに滞在する日本人の数が急速に増

右：ヌサンタラ・ビル
左：プレジデント・ホテル

えていた。それだけ日本の企業のインドネシアへの進出が著しかったのである。

一方、私の会社のジャカルタ事務所は、あの劣悪な環境の商業地区コタからジャカルタの中心地タムリン通りのオフィス街に移転していた。会社の日本人も大幅に増えていた。前回の五年前は事務所の日本人は僅か二人であったのが、今回は五倍の十人に増えていた。そしてジャカルタから約百六十km離れたバンドンにも新しく事務所が設置されていた。これだけの大きな変化はインドネシアという市場が見直され、インドネシアは将来性のある市場と判断されたことを物語っていた。

会社の新しい事務所はタムリン通りにある二十八階建て（リフトで二十八階）のヌサンタラ・ビルの十一階にあった。いつかはジャカルタに高層ビルができると予想はしていたが、まさかこのビルがこんなに早く建ち、蝶理のジャカルタ事務所もこれほど早く移転するとは思ってもみなかったことである。五年前のジャカルタを知っている者にとっては、とても考えられないことであった。このことだけを見ても、ジャカルタの大きな変化が読みとれた。

ヌサンタラ・ビルは日本の戦後賠償金額、当時の額で二十億八千六百万円の予算でスタートしたと聞いていたが、途中で資金不足をきたしたのか、前回五年前の時点では鉄骨だけの幻のビルの状態で終わっていたのが、今回私が赴任した時には高層階のビルとして既に完成していたのである。

ジャカルタではこのヌサンタラ・ビルが最も高いビルとして名を馳せていた。このビルには、東京銀行、日系の商社及びメーカーなどの事務所があった。このビルに入っているのは殆どが日系企業であった。

そして後年、このヌサンタラ・ビルの真隣には、新しく日本航空系列の「プレジデント・ホテル」が建てられた。このホテルには多数の日本人客が宿泊していた。そしてヌサンタラ・ビルとホテルが棟続きになっていて両建物を結ぶ通路があり、自由に往来できることから大変便利だった。

しかも「プレジデント・ホテル」には日本の銀行、日本料理店、旅行代理店、理髪店があり、ロビーにはゆったりとスペースを取った喫茶店があった。日本料理店とか喫茶店には、日本のスポーツ新聞や週刊誌が置いてあり、日本人にとっては非常に有難く居心地の良い場所であった。時間のある時には、この喫茶店でコーヒーを飲みながら日本の新聞を隅から隅まで読んだものだ。私は公私共に随分このホテルのお世話になった。

いずれにしてもジャカルタの中心地タムリン通りに高層階のヌサンタラ・ビルが完成するなど、この五年間でジャカルタの街は大きく様変わりしていた。

ビジネスの状況

一九七三―七五年（昭和四十八―五十年）、今回「単身赴任時代」の私の仕事は、前回と同じく日本からインドネシアへの繊維織物の輸出を促進するため、インドネシアの輸入商たちに新商品を紹介すること、新規契約を獲得すること、市場調査をして本社へ報告すること、等々であった。しかし前回のように繊維織物が爆発的に売れることはなかった。というのは日本の大手繊維メーカーがインドネシアへ大挙進出し、インドネシア国内のあちこちに工場を建設し国内生産を開始したので、もはやインドネシアは繊維織物を輸入する必要がなくなってきたからである。

どこの国でもそうだが、国内で生産できるならもはや輸入に頼る必要は全くないのである。従って私が携わっている日本からインドネシアへの繊維織物の輸出ビジネスは徐々に落ち込み、以前のような活気はもはやなくなっていた。これは時代の流れであり、誰も止めることはできなかった。いずれ近い将来インドネシアは繊維の輸入国から輸出国に転ずることは明白であった。私はこの流れは当然であると思っていた。

ところでインドネシアで繊維工場が立ち上がり、いよいよ生産が始まるとなるとメーカーの海外事業部のスタッフや技術者たちが続々とインドネシアへ押し寄せて来た。

それまで駐在員や出張員といえば商社の人間が圧倒的に多かったが、この時期は工場に携わるメーカーの人々が大勢インドネシアに来たのである。無論繊維業界だけでなく、化学品業界、その他ありとあらゆる業界の人々が大挙インドネシアへやって来た。これはインドネシア政府の積極的な外資導入政策の推進によるものであった。

このように一九七〇年代初めから中頃にかけて、日本のインドネシアへの投資が活発になり、インドネシアの国内産業はあらゆる分野で急速に発展していった。

一月十五日事件

この時期私は一つの大きな事件に遭遇したのである。それは忘れもしない一九七四年（昭和四十九年）一月十五日、ジャカルタで発生した事件である。当時の日本国首相田中角栄がジャカルタを訪問した時、それに呼応するかのように学生による反日のデモンストレーションが起こったのである。ジャカルタに駐在する日本人は殆どこのことを事前に知らされていなかった。将に寝耳に水とはこのことで、私にとっては突然天から降って湧いたような全く予期せぬ事件であった。

当日いつものようにジャカルタの中心地タムリン通りにあるヌサンタラ・ビルの事務所に出社した。そしてその後、商業地区のコタ事務所に向かった。当時、繊維関係の事務所は商業地区のコタにもあって、繊維担当の私だけが毎日ここを拠点にしてビジネス活動を展開していたのである。

私はコタ事務所に着いて書類整理等の事務処理をし、当日の行動計画を考えていた。その時突然事務所の電話がけたたましく鳴った。電話は現地代理店のハッサラム・テジュマルのラムチャンド氏からであった。彼は私を電話に呼び出した。そして「ミスター・イワイ、ジャンガン　クルアール　ダリ　カントール（Mr. Iwai, Jangan keluar dari kantor)」（岩井さん、事務所から外へ出たら駄目ですよ）と言った。続けて「スブンタール　アダ　デモンストラシ　ディ　コタ（Sebentar ada demonstorasi di Kota)」（間もなくコタでデモがあります）と言った。

最初、私は彼が何故そういうことを言うのか理解できなかった。しかし十五分ほどすると私がいるコタ事務所の周りが急に騒がしくなった。なんのことだろうと思い、直ぐ二階の事務所の窓を開けて外を見た。すると先程、代理店のラムチャンド氏が電話で言った通りこちらへ何百人のデモ隊がやって来るではないか。それも反日のデモと聞いている。一瞬私は驚き、どうしてよいかとただうろたえるばかりで身が震える思いであった。

私は事務所の二階の窓からこちらへやって来るデモ隊の光景を見た。まるでアメリカ映画の西部劇に出てくる何百頭という牛の群れが、一つの方向に向かってただまっしぐらに砂煙を上げて走って来るシーンそのものであった。こちらへ走り寄って来る何百人ものデモ隊がまさしくあの西部劇の、猛進して迫り来る牛の大群に見えたのである。

それを窓から見ていた私はこれは大変なことだと思い、一瞬パニック状態に陥っていた。何故なら、もしここに日本人がいることがデモ隊に分かったなら私は彼らの袋叩きに合い、殺されるかも知れないと、一瞬そういう思いが私の頭の中をよぎったからである。しかもこの事務所には日本人はただ一人、私だけであった。私は直ちに事務所の奥にある小さな物置部屋に入り、鍵をしっかりと二重に掛け、息をこらして神にも祈る思いでシュプレヒコールを挙げて荒れ狂うデモ隊の通過を待ったのである。

十五分ほどが過ぎただろうか、事務所の辺りが静かになった。私は忍び足でそろりと物置部屋から出て、そっと恐る恐る窓を開けて外を見た。幸いなるかな、デモ隊は既に事務所の前をこともなく通り過ぎて行ったらしく事務所の周辺は静かになっていた。将に嵐のあとの静けさとはこのことであった。僅か十五分ほどだったが、この時ほど時間を長く感じたことはなかった。デモ隊の無事通過を知って、私は思わず心の中でバンザイと叫んでいた。正直なところ、この時ばかりは九死に一生を得た思いであった。

後から考えたことだが、いつも事務所の前にはタバコ売りのオバチャンや靴磨きの少年たち、それに浮浪者や乞食たちが屯《たむろ》しており、彼らはこの事務所に日本人が出入りしていることを知っていた筈だ。もし彼らがデモ隊に「ここに日本人がいる」と告げ口をすれば、直ちに私はデモ隊によって事務所から引きずり出され、袋叩きに合って殺害されていたかも知れない。デモ隊が幾らおとなしい温厚なインドネシア人で構成されていても、群集心理が手伝ってわけもなく私を殺害したかも知れない。それを考えるとぞっーとして血の気が引く思いであった。私は、常日頃事務所周辺に屯するインドネシア人には笑顔を絶やさず接していたし、彼らに恨まれ、妬《ねた》まれ、憎まれるようなことはしなかったので、彼らは私の味方をし、デモ隊には黙っていてくれたのだろうかと考えた。それなら大変有難いことだと思った。

やはり現地の人たちを決して敵にまわしてはならないし、日頃からこのことを心掛けておくことが大切だと痛感した。この時強く思ったことは、インドネシアで生活する限り、現地の人々に「恨《うら》まれない」「妬《ねた》まれない」「憎《にく》まれない」の三つの「ない」を常日頃から心掛けておくべしということであった。この事件以後、私はこの三つの「ない」を心に誓い遵守することを心掛けた積もりである。

一九七四年（昭和四十九年）一月十五日は一日中、反日デモがジャカルタの全域に繰り広げられた。この日私は陽が落ちて辺りが暗くなるまで、冷房のないコタ事務所で蚊の群れと戦いながら留まっていた。私の顔や手足は蚊の大群に刺されたが、先程のデモのショックでかゆいことさえ忘れてしまっていた。そして夜も完全に暗くなって、慎重に辺りを見回してから社宅に向かってコタ事務所を出発した。所長の山木さんからも暗くなってから出発するよう指示があった。

しかし途中信号のある交差点などで、流れ解散したデモの一部に遭遇するやも知れないので、その時に備えて軍服をまとった民兵ともいうべき私兵を急遽雇い、彼を自動車の助手席に座らせ、私は後部座席で身を屈め、うずくまるようにして社宅のあるクバヨラン・バルへと向かった。当時私兵を雇うのは簡単で、お金さえ出せばいつでも雇える時代であった。

私は事務所から社宅へ向かって帰る途中、車中では身体を横にして、一切身を隠して乗っていたものだから外を見ることができず、デモを避ける安全な道についてはすべて運転手任せであった。途中交差点などの街角で万一残りのデモ隊にでも遭遇すれば、それこそ車から引きずり下ろされ生きて帰れないのではないかという思いを強くしていた。

幸いなことに私が使用していた車はホールデン（Holden）といってオーストラリア製のものだったので助かったが、これがもしトヨタ車であればそれこそ路上で焼き打ちに遭う可能性があった。

この時の社宅までの時間の長かったことは、恐怖心も手伝ってかそれは言葉には表わせないほど長いものであった。異国の地で、こういった悲惨ともいうべき怖い思いをしたのは、これが最初であり最後でもあった。

またこの日インドネシアの軍隊は日系企業の集まるヌサンタラ・ビルの周囲を厳重に警護していた。万一このビルがデモ隊によって占拠されたり日本人に大きな危害が加えられるなら、それこそ両国の大きな外交問題に発展することになる。インドネシア政府はこのことを充分承知していたのだろう、ヌサンタラ・ビルへの軍隊の出動となったのである。

ところで当日、ジャカルタの中心地スディルマン通りにある当時では一際目立ったトヨタ自動車の建物がデモ隊に依って放火され全焼した。またジャカルタの路上という路上ではトヨタと名のつく自動車が手当たり次第に焼き打ちにあった。というのはインドネシアではトヨタ自動車が日本の代表的企業としてその名を馳せていたからである。将に今回の事件はインドネシア人の日本企業及び日本人に対する反感を表わした超過激な抗議活動であった。

この事件はインドネシア人が常日頃から日本企業の急激な、そして派手ともいえるインドネシアへの進出に対し決して快く思っていないことを物語っていた。日本企業或いは日本人に対し、彼らは恨みや妬みを持っていてある日何かのきっかけで爆発し、それが反日デモにつながったのである。

私はこの忌まわしい出来事を一生忘れることはない。田中角栄首相は翌日何もなかったかのようにジャカルタを離れた。結局、この事件で苦い不愉快な思いをしたのは、我々ジャカルタに在住する一般の日本人であった。

正直言って、私はこの一月十五日事件に大きな衝撃を受けた。まさかという事が起きたからである。私は、常日頃インドネシア人はおとなしく、どちらかといえば控え目で忍耐強く、滅多に怒らない遠慮がちな国民であるとばかり思っていた。それだけに私の驚きとショックは大きかった。私のインドネシア人に対する考えの甘さがいみじくも露呈した恰好であった。

この事件を境にそれ以来、インドネシア人に対する私の考え方、見方は大きく変わった。同時に私は外国における行動はいつも控え目であるべきと痛感した。そういう意味で今回の事件は私に貴重な教訓をもたらした。

この事件以後、ジャカルタの日本人クラブは、今後インドネシアにおいて派手な宣伝活動をしないこと、ゴルフを自粛すること、夜の繁華街での行動は慎むこと、等々の通達をインドネシアに在住する日本人に出した。この通達は日本企業と日本人の猛省を促すものであった。

また、日系企業の集まるヌサンタラ・ビルの屋上にそれまで大々的に宣伝されていたトヨタの大きな看板が外された。私自身は好きなゴルフを一時控えることにした。この時、ジャカルタのゴルフ場は突如として閑散になり閑古鳥が鳴くというほどプレーヤーが減少した。多くのキャディーたちは失職したとの噂が流れた。このことは、ジャカルタにおける日本人ゴルファーがいかに多かったかを物語っていた。

よく考えてみると日本企業や日本人の行動は確かに目に余る派手なものがあった。インドネシア人が怒るのも当然だと思った。その点、金持ちの華人とかインド人たちは賢明であった。彼らはインドネシア人が羨む、妬む派手な行動は決してしない。何故なら彼らは過去幾度となくインドネシア人の反感を買い、苦い経験をいやというほどしてきたからである。長年インドネシアに住んでいる華人・インド人たちは、自己防衛をするためのノウハウを持ち合わせているのである。そして彼らはいざという時の「クモの巣型」といわれるほどの連絡網を持っているのである。

もし日本人が華人のようなきちんとした緊急連絡網を持っているなら、今回の事件は直ちに日本人に連絡され外出を控えるなどの措置が取れたのである。特に私の場合など遠く離れた商業地区コタの事務所へ行かずに、比較的安全なヌサンタラ・ビルに留まっていることができたのである。コタへ行く途中、デモ隊にでも遭遇していたら、それこそ群集心理も手伝って私は袋叩きにされ殺されていたかも知れない。そういうことを考えると私はラッキーであった反面、何も知らずに遠いコタ事務所へ行くという非常に危険なことをしていたことになる。外国に住んでいると何が起こるか分からないというのは、このことなのかと思ったものである。

当時インドネシアに在住する日本人は全くといっていいほど警戒心がなく、無知で且つ大胆であったと思う。また日本人はインドネシアにおらせて頂くという謙虚な気持ちがなく、派手な宣伝をしたり目立った行動を平気でしたり好き勝手なことをやり過ぎていたように思う。そういう意味では今回の事件は日本人に貴重な教訓をもたらし、大いなる警鐘を与えたのである。

いずれにしても一九七四年（昭和四十九年）一月十五日の事件は全く予期し得なかったインドネシア人の過激な反日運動であり、私にとっては生涯忘れることのできないショックな事件であった。尚、後年この「一月十五日事件」が何故発生したのか、背景に何があったのか、これを分析する論文が発表されている。この事件の背後にはインドネシア内の反日グループと親日グループとの「権力闘争」があったという説が有力であるが、これも憶測の域を出ず決定的な証拠はない。当時のあの激しい暴動に直面した私には、何が真実なのか残念ながら未だ分かっていない。

インドネシアへ長期出張

一九七三―七五年の二年間に亘る「単身赴任時代」が終わり、一旦日本に帰国した。そして内地で約五年半の勤務を経て一九八一年（昭和五十六年）二月、六ヶ月の長期出張を命じられ雨季真っ只中のジャカルタに着任した。今回の長期出張の仕事は「カネカ・インドネシア」というアクリル・カーペットを製造するメーカーの販売を助けることであった。

「カネカ・インドネシア」は日本の蝶理と化学メーカーの鐘淵化学工業（現カネカ）との合弁会社であった。今回私は初めて製造メーカーの仕事に従事することになった。従来の商社の仕事とは若干違っていた。商社の場合は端的にいえば他社が造ったものを右から左に売る仕事であるが、メーカーの場合は自分の会社が製造したものを自らが売ることである。いわば取り扱う商品は自社が造った品物に限るということになる。

今回この六ヶ月間、私は「カネカ・インドネシア」で製造したカーペットを拡販するためインドネシアの各大都市を駆けずり回り、各都市にある現地販売代理店を一軒ずつ訪問して各代理店に拡販の協力を求めたのである。

先ず私は販売代理店と親しくなり、意思疎通を計ることから始めねばならなかった。そして彼らとの信頼ある人間関係を構築しなければならなかった。インドネシアでのビジネスは信頼ある人間関係の上に成り立っているといっても過言ではなかった。

インドネシアの各都市を回る

「カネカ・インドネシア」の販売代理店はインドネシアの各大都市にあった。販売代理店はすべて華人が経営していた。インドネシアの経済は全体の人口の僅か三%の華人によって支配されているというが、ここでもその例に漏れず華人が圧倒的な力をもっていた。

インドネシアでの販売代理店は、ジャワ島では西部ジャワのバンドン(Bandung)、中部ジャワのスマラン(Semarang)、東部ジャワのスラバヤ(Surabaya)にあった。またスマトラ島では、北部のメダン(Medan)、南部のパレンバン(Palembang)、そしてスラウェシ島(旧名セレベス島)は南部のウジュンパンダン(Ujung Pandang)(旧名マカッサル=Makassar)にあった。無論首都ジャカルタ(Jakarta)にもあった。

私はこれまでインドネシアで二回の長期駐在を経験してきたが、これだけ多くの主要都市を訪れるのは今回が初めてであった。勿論ビジネスを目的としてインドネシアの各都市を訪問するのだが、かねてから私はインドネシアの各地のことをもっと知りたいと思っていた矢先だけに、この時は私にとって願ってもないチャンスであった。

ジャワ島横断

インドネシアは東西およそ五千百㎞もある広い国だから、各都市を訪問する場合は通常ガルーダ航空の国内線を利用するが、今回ジャワ島の各都市に大量のカーペット見本を配布する必要があったので、車でジャワ島を横断することになった。

通常ジャワ島横断は航空機以外に列車もあるが、上述大量見本があるため車でジャカルタを出発したのである。先ずジャカルタから南方向一時間ほどの所にあるボゴールの街を経由し、避暑地で有名なプンチャック峠を越えてバンドンに入った。ボゴールは雨量が多く世界的に有名なボゴール植物園があり、スカルノ元大統領が愛用していたボゴール宮殿や昔ながらの古いゴルフ場があって緑の多い静かな街であった。

バンドンでは販売代理店に立ち寄り、新しいカーペットの見本を手渡して拡販の依頼をした。バンドンの販売代理店の経営者は人柄も良く非常に協力的であった。ここは兄弟で経営していて、いつも弟が私をバンドン市内の小売店に案内し、「カネカ・カーペット」の売れ行きを説明してくれた。

次にバンドンから東北方向のチレボンの街に入り、そこからジャワ島北岸の国道を東に走り中部ジャワの都市スマランを目指した。しかしインドネシアは雨季真最中で、ジャワ島北部の海岸沿いの道路が浸水し通行不能の場所が続出していた。元々ジャワ島北部の海岸地帯は低地であって、毎年雨季には道路が浸水して通行止めになることがあった。

元来ジャワ島横断のルートには北回りと南回りの二つがあるが、雨季には道路が浸水することも知らずに今回北回りのルートを選んだのである。ところが通行不能で前進できなかったため、もと来た道を引返し南回りに切り換えることにした。しかしこの時、近道をしようとして狭い道を走ったが、行けば行くほど道幅が狭くなり遂にジャワの奥深い山中に迷い込んでしまったのである。

迷い込んだジャワの山中には所々バナナの木が青々と茂った小さな村々があったが、雨降る中、夕暮れが迫ってくることもあって、この上なく心細い思いがし焦りも出てきた。もしこのようなジャワの山中で車が故障でもすれば、どうしようかという不安に襲われた。最悪の場合、車で一夜を明かすことも視野に入れていた。そして道を引返さざるを得なくなって走っている内に、ひょっこり幹線道路に出会ったのである。ラッキーだった。この時ばかりはほっと安堵したものである。

結局、弥次喜多道中さながら中部ジャワのスマランを訪れ、古都ジョクジャカルタ、スラカルタ（旧名ソロ）を経由して、二泊三日で最終地である東部ジャワのスラバヤに予定よりかなり遅れて到着したのである。

今回ジャワ島横断の反省点は、車で横断するなら多少遠回りしても必ず主要幹線道路を走ること、そしてできれば雨の降らない乾季に行くこと、もし雨季に横断するなら南回りの比較的高地帯のルートを走るべしということであった。今回の車による約八百六十キロのジャワ横断の旅は大幅に遅れ、悔いの多い、それでいて貴重な経験をした旅だった。

メダンを行く

メダンはスマトラ島北部に位置し、インドネシア第四の都市である。ジャカルタから北方向、ガルーダ航空の国内線に乗って約二時間の所にある。私はメダンにある「カネカ・インドネシア」の販売代理店を定期的に訪問することにしていた。

ジャカルタから飛び立った飛行機は間もなくスマトラ島上空にさしかかるが、上空から見るスマトラ島は果てしなく続く広大な熱帯雨林、蛇のように曲がりくねった茶色の川、田畑を焼いているのだろうか、それとも森林の火事だろうか、ゆらゆらと舞い上がる煙、そしてあちこちに点在する村の民家などが私の目を楽しませてくれる。

眼下に広がる鬱蒼《うっそう》とした熱帯雨林の中には、それこそ多種多様の多くの動物や植物が互いに共存共栄して生息しているのだろうと機中で独りあれこれと想像していた。この広大なスマトラ島の上空で、あれこれと想像を巡らしながら眼下に展開する光景を眺めていると、時間が過ぎ去るのも忘れるのであった。

そしてスマトラ島上空を飛行する時、いつも思い出すのは地球上で最も大きい寄生植物と言われるあの「ラフレシア」の花のことであった。

シンガポール建設の父として名を馳せた英国人トーマス・スタンフォード・ラッフルズが、スマトラ島南部西岸のブンクル（Bengkulu）で総督の任にあった時、友人アーノルド博士と共に一八一八年に殆ど未踏査のここスマトラ島の熱帯雨林の中で、この「ラフレシア」の花を発見したのである。ラッフルズ卿は元々自然科学には並々ならぬ関心をもっていた人であり、また世界的に有名なあの中部ジャワのボロブドゥール遺跡を発見した人でもあった。

「ラフレシア」は花の直径が一メートルくらいはあり、熱帯雨林の中でも最も不恰好なグロテスクな形をした花で、肉が腐ったような強烈な悪臭を放ち、その悪臭がまた多くのハエや虫を引き寄せるとも言われる。そして五枚の大きな花弁は三十センチ程の長さがあり、根や葉がなく花に水と養分を運ぶ茎さえもない。ただあるのは何本かの繊維状の組織とそれに大きな花だけである。実に常軌を逸した花であり、開花の期間も僅か数日（三日—一週間）で、しかも次の開花までに二・三年は掛かると言う珍奇な花である。従って開花しているところに遭遇すれば、それは極めて幸運であると言われる。因みに「ラフレシア」という名は、ラッフルズ卿を称えて付けられたものであると言われている。

私はジャカルタからメダンに向かう機中で、この熱帯雨林の中に咲く珍しい花「ラフレシア」のことをいつも思い出していた。本や写真を通して「ラフレシア」の花を幾度か見たが、できればスマトラ島の現地の熱帯雨林に入り、この常軌を逸した花をひと目だけでも自分の眼で見たいと思っていた。しかし残念ながらこの思いは遂に実現することはなかった。

スマトラ島は面積が四十七万四千平方キロの世界第六位の島であり、日本の本州二十二万七千平方キロの二倍強もある大きな島である。そしてスマトラ島は天然ガスその他資源の宝庫である。この広大な土地には自然がぎっしり詰まっていて、ここに生息する沢山の動植物にとっては楽園の地ともなっている。

スマトラ島上空であれこれと考えている内に、私の乗った飛行機は雲一つない青空の下、ゆっくりとメダンのポロニア空港に着陸した。ジャカルタから二時間余の快適な飛行であった。販売代理店の人が私を飛行場に出迎えに来てくれていた。

メダンの街はマレーシアの首都クアラルンプールやシンガポールに近く、その影響を受けているのか、首都ジャカルタに較べると街並みは整然としてどことなく明るく垢抜けした都市であった。メダンはジャカルタとは全く趣の違った静かな落ち着いた街であった。

ここメダンの販売代理店は他の店と同じく華人の経営で、「カネカ・インドネシア」のカーペットをよく売っていた。代理店の華人は親切な気前の良いよく気のつく人であった。彼はいつも私をメダンのポロニア空港に出迎えてくれた。そして到着したその夜、私は招かれて彼の家族や親戚の人々と共に中華料理店で食事をした。これは華人特有の家族や親戚連中による客人に対する丁重な接待であり、同時にビジネスを目的とする接待でもあった。食事をしながらビジネスの情報を交換したり、今後の販売対策を議論したり、互いに忌憚のない意見を述べ合った。彼らのビジネスに対する熱心さ、強い執着心にはいつも圧倒させられるものがあった。

私はいつも感心するのだが、華人たちは家族や親戚を大切にし、ビジネスをうまく遂行するため強く団結し、互いに助け合い励まし合っていた。従って客人があれば、彼らは大挙して食事に集まり、客人を歓待し、客人からビジネス情報を得て商売に成功するという筋書きを描いていた。華人は接待上手で商売上手というが、ここメダンの華人はそのお手本のような人たちであった。私はメダンの街を訪れたのはこの時期の二回を含めて計五回であった。

パレンバンを行く

スマトラ島南部の都市パレンバンにも販売代理店があった。私は定期的にパレンバンの街を訪れていた。この街はジャカルタから北方向、ガルーダ航空に乗って約四十五分の所にありジャカルタとは目と鼻の先である。

パレンバンは第二次世界大戦時の一九四二年（昭和十七年）二月、日本軍の落下傘部隊が油田確保のため飛行場や精油所の近辺に降下したことで有名な街である。

パレンバン空港に着陸する寸前の機中から見ると、さすがにこの周辺は落下傘の降下に適した平原地になっていて、周辺には山という山がなく平らな土地が続いていた。

昔日本軍がパレンバンの油田確保を目指して、連合軍の攻撃にさらされながらも落下傘で次々と勇敢に降下したのだろうと、私は機中で独り感傷的な気持ちになって落下傘降下のことをあれこれと想像していた。

私はパレンバンを二回訪れたが、この街はこれといってなにもない、だだっ広くて殺風景で無味乾燥な街であった。ここには初老の華人が経営する販売代理店があった。注文の数量は少ないが毎月コンスタントにカーペットを買ってくれた。少量でも毎月きちんと注文を出してくれる客先は大変有難いものであった。

私が行くとこの初老の華人は、パレンバンの街には昼間でもひったくりが多いので気を付けるようにと、私がパレンバンに慣れない日本人とみていつも手を取り足を取り親切にアドバイスしてくれた。華人たちは現地のインドネシア人の物盗りに神経質になりとても用心していた。何かことがあると彼の店が現地のインドネシア人の暴徒に襲われるかも知れないと警戒心を持っていたようだ。ここでも金持ちの華人たちはいつも狙われていたのである。

またパレンバンはイスラム教色が強いのか、朝夕にはあちこちで大きなコーランの祈りの声が空を突き破るように響き渡っていた。その祈りの声は、ジャカルタで聞くいつもの声よりも、強いトーンで、勇ましくより激しく聞こえた。

パレンバンの街を南北に分断するように中央に大きなムシ川が流れていた。街のど真ん中を流れるムシ川には大きな橋が架っていた。夕闇迫る薄暗い中、私はとてつもない大きな橋に出会って、一瞬足がすくむ思いで不気味な感じさえ抱いた。

後から聞いた話だがこの橋は長さ一千メートル以上もあり、一九六五年日本の戦後賠償で建設されたものであった。この橋は当時の建設費用、総額十五億三千九百万円を掛けただけあって、とても頑丈な造りの日本でもあまり見られないようなとても大きな橋であった。日本の戦後賠償で建てられたと聞いて、この橋が日本とインドネシアの友好・親善に貢献する記念すべき架け橋とならんことを祈るのみであった。

パレンバンに流れるムシ川は夕日が沈む景色で有名であった。日本のある画家がこの夕日の景色に魅せられ、度々ムシ川へ来ては絵を画いていた。というのは後年私がインドネシアから一時帰国した時のことだが、ある画家の個展があって偶然その前を通りかかり、何気なく個展を見ようと入ったところ、そこにムシ川の美しい夕日の景色を描いた作品数点が展示されていたのである。ムシ川へ行ったことのある私にとっては一瞬自分の目を疑うほどの大きな驚きであった。早速私はそれを描いた画家と挨拶を交わし暫く話をしたところ、その画家は毎年欠かさずパレンバンに行き、ムシ川の素晴らしい夕日に魅了され、ここ数年間描き続けているという。毎年パレンバンに行き、ムシ川の夕日の絵を描いている画家が私の住む町にいるとは、全く思いも寄らなかったことである。日本の画家が魅せられたように、ムシ川の夕日は素晴らしいものであると言われている。しかし私はパレンバンで、遂に一度たりともその素晴らしいと言われる夕日を見ることができなかった。今もこのことが心残りになっている。もし次回パレンバンに行く機会があれば、この夕日を是非見たいと思っているところである。

第三章　「家族帯同時代」

家族がジャカルタにやって来た

家族同伴のインドネシア勤務は、一九八二年（昭和五十七年）四月に始まり、一九八八年（昭和六十三年）八月の六年四ヶ月であった。私にとって家族同伴の海外勤務はこれが初めてであった。今までなんとかして家族をジャカルタに呼び寄せたいという思いはあったが、色々な事情があって、なかなかそのチャンスが訪れなかった。しかし今回やっと長年の念願が叶ったのである。

一九八二年四月、家内と長男・二男の親子がジャカルタにやって来た。この時、長男は小学校二年生、二男は幼稚園年長組になる春休みの時期であった。子供の学校のことがあるので、インドネシアへ来るのは時期の良い春休みを選んだ。どこの家庭もそうだが、やはり子供の学校のことを優先にして決めることが多い。我が家もその例に漏れず、子供の学校のことを考え、会社とも相談して丁度学年が変わる四月が良いと判断したのである。私は元気溌剌としてジャカルタにやって来た三人をハリム国際空港に出迎えた。

家族のジャカルタ生活

最初は誰でもそうだが、現地の言葉が分からない、生活習慣が違う、文化が違う、気候が違うなど、「分からない」「違う」ずくめで、家族は随分戸惑うことが多かった。ジャカルタに到着した次の日から、早速家内は毎日の家事に追われることになったが、やはり家の中ではメイドさんとの会話が必要なことから、最初の頃は言葉に苦労したようだ。そのためインドネシア人の家庭教師を家に招き、早速インドネシア語の勉強を開始した。一方子供たちは適応性があるのか、柔軟性があるのか、それとも無頓着なのか、多少言葉が分からなくても全く平気であり、すぐに現地の生活に慣れ親しみ、メイドさんとも会話ができなくてもなんとなく仲良くなっていった。

ところが家内はメイドさんとの会話が流暢にできないため、コミュニケーションがうまく行かず、通訳代わりの私の帰りを待つ日が続いた。そして愚痴をこぼすことが多くなり、何か事が起こるともう早く日本へ帰りたいという日が続いた。このことはある程度仕方がないと思っていたので、最初の頃私は特別気にもせず静観していた。家内にとって、私以外に相談相手がいないことは大変なことであったと思う。日本であれば親や兄弟姉妹そして知人等々、相談相手には不自由しないがインドネシアでは、私以外に誰一人として相談相手がいないのである。このことは海外であれば、どこの国であっても当てはまることであった。

しかし半年も経つと、家内はインドネシアの生活にも慣れ、メイドさんとも少しずつ意思疎通ができるようになった。自分の思っていることが徐々に相手に伝わるようになったのである。正直なところ、私はこの時ばかりはほっと安堵したものである。

その内に一年、二年と経つにつれ、今度は「住めば都」の言葉通り、逆にインドネシアが「都」になり、インドネシアの良さが見え、日々の生活が楽しくなる。日本人の奥さん連中とも親しくなる。また稽古ごとを通じて沢山の友達ができる。こうなるとインドネシアの生活がエンジョイでき、楽しくなる。実際家内は日本の奥さん方と一緒に木彫り、ローケツ染め（バティック）、刺繍等々の習い事を始めた。また「パッサル」と呼ばれる一般の市場や日本食品専門店への買い物に運転手を使って一人で、それこそ自由自在に行けるようになった。このように家族はインドネシアの生活が楽しくなり、いつの間にか六年四ヶ月という長期のインドネシア滞在となったのである。

仕事の内容

今回私の仕事はインドネシア国内でテックスファイバー（TEXFIBRE）社が製造する合織加工糸を販売することであった。テックスファイバー社は蝶理と大手繊維メーカーの東レとの合弁会社で、ナイロン及びポリエステルの長繊維フィラメントを加工糸にするメーカーであった。この会社へ出向後の私の役職は取締役営業部長という堅苦しいものであった。工場は西部ジャワのプルワカルタ（Purwakarta）という町のジャティルフール（Jatiluhur）という所にあった。ここはジャカルタから東方向チカンペック（Cikampek）経由、車で約二時間ほどの所でバンドンへ行く途中にあった。高速道路ができるまでは道が悪くておよそ四時間も掛かったが、今は途中なにも障害がなければ二時間弱で行ける所である。高速道路ができてからというものは、本当に便利になったものである。インドネシアのインフラ整備が国内産業の発展に大きく寄与しているのである。

ところでジャティルフールにあるテックスファイバー社の工場は大きな湖のほとりにあり、この湖にはフランスが建設した大きな水力発電所があった。またここは風光明媚な観光地でもあり、休日には多くの観光客で賑わっていた。特に湖の周囲に聳える先の尖った山々の素晴らしい光景は筆舌に尽くし難い美しさと神秘性があり、観光客の心を捉えて離さなかった。

私はこの湖に浮かぶ遊覧船に乗ったことがあった。湖上の真中に出て、遊覧船上から眺める先の尖った急傾斜の山々は、まるで仏教の世界で語られる「須弥山《しゅみせん》」のようであった。「須弥山」は仏教の世界観で理想世界の中心に聳える高い山を指すが、ここジャティルフールの山々はまさしく「須弥山」を想わせるもので一種神秘的な雰囲気を醸し出していた。観光客たちはこの素晴らしい山々の風景に魅せられていた。

湖のほとりにある工場で生産された加工糸はインドネシア国内の客先である織物及び編物業者に売られていた。これらの客先は主としてジャカルタ及びバンドンに集中していた。そして彼らは殆どと言っていいほど華人たちであった。固有のインドネシア人は皆無に等しかった。この分野でもやはり華人が支配していた。

私はいつも思うのだが、固有のインドネシア人がもう少しインドネシアの経済界や産業界に進出してもよいのではと。ただ資金面でインドネシア政府は固有のインドネシア人経営者にある程度のバック・アップをする必要があると思う。隣国マレーシアがマレーシア人優遇政策を実施したように、インドネシアもインドネシア人優遇政策を取る必要があると思う。さもなければいつまで経っても現状のままであって、固有のインドネシア人の経済界や産業界への進出はできないと思う。インドネシア人の中にも優秀な能力のある人が多数いる筈である。

バンドンへの出張

私は月に二回バンドン（Bandung）へ出張することにしていた。一度の出張はいつも一泊二日であった。バンドンはジャカルタから東南方向約百六十キロの所にある海抜七百ｍの山に囲まれた静かな高原都市である。

バンドンは一九五五年（昭和三十年）、非同盟諸国計二十九ヵ国の指導者が集まって開かれたアジア・アフリカ会議、いわゆるバンドン会議で有名な都市でもある。高原都市だけあってジャカルタよりも気温は低く雨季の夜は寒いくらいである。バンドンの気温は年間通して昼間の平均気温が二十二度、夜は二十度以下に下がるというから、バンドンは涼しく実に住みやすい街であった。

バンドンでの私の宿舎はアジア・アフリカ会議場の近くにある「サボイ・ホーマン」という名のホテルであった。このホテルはオランダ植民地時代に、ドイツ人ホーマンが建てたものだと受付の従業員から聞いたことがあった。アジア・アフリカ通りに面したホテルのロビーは表通りとの間に壁や窓がなく、朝夕はバンドンの涼しい空気が遠慮なく直接ロビーに入り込んできて清々しい気分であった。ホテルには新館と旧館があったが、正面の奥にある旧館の部屋はとても広く、天井も高く、ゆったりしていてヨーロッパ風の造りであった。このホテルにいる時は、何故か大らかなのんびりした気分になるので、私はこの古い由緒あるホテルを愛用していた。

またバンドンは学園都市でもあり学校が多い。中でも有名なのは、バンドン工科大学でジャカルタにあるインドネシア大学と並んで歴史ある名門大学である。因みにインドネシアの独立宣言をしたスカルノ元大統領はバンドン工科大学の出身である。

雑踏の騒々しいジャカルタに較べるとここバンドンは非常に落ち着いた静かな街であった。またバンドンの人々は概ね親切で人情味があり、且つ純朴なところがあった。というのはビジネスをしていてよく分かるのだが、支払いがいつも期限通りで、ジャカルタの商人のように故意に支払いを引き延ばしたりする人はなかった。だからバンドンに行くと人の良さや人情というものが身に沁みて感じられ、何故か心が落ち着きのんびりと過ごすことができた。人間の気持ちは周りの人々やその環境に影響を受けると言うが、バンドン滞在中の私は将にこれに当てはまるものであった。

バンドンへ出張する日は、ジャカルタを午前八時頃出発、ボゴールを経由して九時半頃には涼しいプンチャック (Puncak) 峠に着く。プンチャックは海抜一千五百m程にあって、景色が素晴らしく涼しい所なのでオランダ植民地時代から避暑地になっている。ここにある「プンチャック・パス・ホテル」で温かい一杯のコーヒーを飲み、二十分ばかりの休憩をとることにしていた。これは運転手を途中で休ませる目的も兼ねていた。バンドンへ行くこの街道は曲がりくねった山道が続き、交通事故が頻繁に起きていた。そのため運転手は途中での休憩が必要であった。そして休憩が終わるともう一つの山を越え、一気にバンドンを目指すのである。

ジャカルタからおよそ百六十キロの道を約三時間半掛けて、目的地バンドンに到着する。バンドンに到着するとほぼ昼の十二時になるが、昼食はいつも「ナリパン」という華人の経営する小さなラーメン屋で、あっさり味のラーメンと「バソ・イカン (Baso Ikan)」という魚でできた丸い団子状の蒲鉾を食べることにしていた。このラーメン屋はバンドンのナリパン通りにあるから「ナリパン」と呼ぶようになったのだろう。

ところでこの小さなラーメン屋には冷房がなく、暑さは扇風機で凌いでいた。それでも客は文句一つ言わず、扇風機の中で汗を流しながらも黙々と食べていた。ジャカルタではとても考えられない光景であった。

涼しいバンドンだからこそ扇風機だけのレストランが成り立つのだろう。ただ味は格別美味しく、値段が安いこともあって平日の昼でも多くの客で賑わっていた。そしてここの味は日本人の口に合うのだろうか、日本人の常連客が結構多かった。私もその内の一人であった。

しかしこのレストランは決してきれいな清潔なレストランとは言えず、奥にあるトイレなどに行こうものなら、お粗末な汚い調理場を通過せねばならず、日本から来たばかりの人であれば驚いて目をそむけるほどの不衛生な光景であった。

インドネシアでは往々にして華人の経営する小さなレストランはこういった類のものが多く、コストを掛けずに経営する華人のビジネス方法なのだろうか、ここもその例外ではなかった。コストを最小限に押さえたレストランであった。華人の商法はいつも計算されていると言うが、ここ「ナリパン」の経営者はそのお手本を示すような人であった。

マジャラヤを行く

ラーメン屋「ナリパン」での昼食後、バンドン市内からおよそ二十キロほどあるだろうか、マジャラヤ(Majalaya)地区にあるヤヒンロン社へ行くことにしていた。マジャラヤまでは途中道が悪いため、バンドンの街からは車で約一時間ほど掛かった。ここに工場を持つヤヒンロン社はカーテン生地を生産する大手の客先であった。経営者は華人で、体格が大きく、細かいことはあまり言わない太っ腹な人であった。テックスファイバー社の加工糸を大量注文してくれるので、多少遠い不便な場所であっても、ここを定期的に訪れていた。

またヤヒンロン社の工場長に華人でチュンという名の人がいた。彼は格別親切な気の良い人で、私が訪れるといつも「遠いところから、ご苦労さん」と言って私を笑顔で大歓迎してくれた。私は元々単純な人間なのだろうか、人に大歓迎されると喜んでほいほいと行くところがあった。そして私が商談を終えて帰る頃には、必ず彼は「ここはバンドンの田舎だが、空気が美味しいので、一晩ここに泊まってゆっくりしなさい。食事は用意してある」といつも親切に声を掛けてくれた。

聞くところによれば、この工場長はシンガポールに家族を残して、ここバンドンの田舎町マジャラヤに出稼ぎに来ていた。彼はいつも私に「シンガポールに立ち寄る機会があれば電話してほしい」と言って、留守宅の電話番号を私に教えてくれた。本当に彼は親切で、開けっ広げな気の良い、それでいて結構頭の回転の速い人であった。何故か私は彼のことが強く印象に残っている。しかしそれから十年ほど経ただろうか、ジャカルタで彼の消息を人に尋ねたところ、彼はその後不幸にも肺がんで死亡したと聞いた。私はこれを聞いた時は信じられない思いであった。私より二、三歳は若かったと思う。惜しい人を亡くしたと思った。永くインドネシアにいると色々な人との出会いがあり、別れがあると思った。

ところでバンドンの奥にあるマジャラヤの田舎町に行くには、田圃《たんぼ》の中に走っている曲がりくねった、デコボコだらけの一本道を必ず通らねばならなかった。数m毎に大きな穴があって、想像を越える劣悪な田圃道であった。ここにもインドネシアのインフラ整備の悪い状況が映し出されていた。

雨季にもなると、それこそ南国特有のスコールが突然降り出すことがあった。その時は車のフロント・ガラスに叩きつける強い雨で全く視界がきかず、二・三m先さえも見えないため田圃の中で立ち往生することがあった。

こういった劣悪な田圃の一本道を行く時、不愉快な気分を紛らわすため私は車中でカセット・テープを流し、日本の懐かしい歌を聞くことにしていた。曲はいつも決まっていて、「古賀正男メロディー」の『影を慕いて』『悲しい酒』『男の純情』などの名曲ばかりであった。そして歌は「小林幸子」が歌っていた。

元々私はこのようなしんみりした、人生の侘びしさを表現した心に響く歌が好きだった。私にとってはそれがまさしく「古賀正男メロディー」であった。日本にいる時もこれらの歌がテレビに流れた際は、うっとりとして聞き入り、思わず感動し涙さえすることがあった。日本から遠く離れた南国インドネシアのバンドンの奥地マジャラヤで、「古賀正男メロディー」を聞くなど、私はそれまで考えてもみなかったことである。

そしてこれらの日本の名曲を南国インドネシアで聞く度に、強い望郷の念に駆られ、懐かしい祖国日本を思い出していた。異国の地で聞く懐かしい日本の歌は筆舌に尽くし難いほどの素晴らしさがあり、郷愁をそそるものがあった。

特に古賀正男作曲の哀愁を帯びた、心に沁みる、人情味溢れる歌は、南国インドネシアに勤務する私を励まし、元気づけ、そして明日への活力を与えてくれたのである。歌というものがどれほど人の心を癒し、慰め、そして勇気づけてくれることか、マジャラヤの地で私は初めて思い知らされた。結局私は六年半の間毎月二回「古賀正男メロディー」を聞きながらバンドンの奥地マジャラヤへ通い続けたのである。

バンドンでの水泳

バンドンへの出張はいつも一泊二日であった。バンドンの夜はビンタンジャヤ社のダルマディさん（Mr. Dharmadi）と野外の温水プールで泳ぎ、そして食事を共にすることにしていた。ビンタンジャヤ社はカーテンの生地を織るメーカーで、我がテックスファイバー社の加工糸を毎月コンスタントに大量を買い付ける先であった。ダルマディさんは私より年齢は二、三歳若かっただろうか、ビンタンジャヤ社の販売兼仕入れの責任者であった。彼は実にあっさりした性格の、人情味溢れる気の良い商売人でもあった。

彼は華人ではあるが、どちらかと言えば色が黒く、そこそこ背があって、がっちりした体格の、スポーツマン・タイプの人であった。

私は彼とは性格が合うのか、バンドンへ行くといつも夜に水泳をし、その後一緒に食事をするのであった。仕事の上だけではなく、私的なお付き合いもしていた。

特に私の家族がバンドンへ遊びに行った時、彼の家族と一緒に食事をし、世間一般のこと、家庭のこと、子供のことなどをバンドンの夜の更けるのもすっかり忘れて夢中になって話をすることがあった。いわば私と彼とは家族ぐるみのお付き合いをする間柄であった。彼の奥さんは華人であり、上品で、奥ゆかしく、美人タイプの人であった。彼には二人の娘さんがいて、私の二人の息子と年齢がほぼ同じであることから、子供同士も互いになんとなく親近感を持っていたようだ。

ところで私がバンドンに出張したその夜は、いつもダルマディさんと一時間ほど温水プールで泳ぐことにしていた。バンドンの野外温水プールでの水泳はとても気持ちよく、大変清々しい気分にもなった。プールの真上を見上げるとそこには満天の星空が映し出されていた。きれいな澄み切った夜空に数々の星がキラキラと輝いていた。その中でも一際目立つのは、菱形を形取った南十字星であった。四つの星から成る南十字星は「我こそが南国の星の王者である」と言わんばかりに、誇らしげにひときわ強い光を放ち、他の星を圧倒するかのようにキラキラと輝いていた。私はいつも「ああ、今日もまた南十字星が輝いている」と確認しては、野外温水プールでバンドンの夜を満喫していた。

水泳が終わって外に出るとそこはバンドンの山手地帯だけに涼しいそよ風が吹いていて、南国特有の大らかなのんびりした風情が漂い、バンドンの静かなとてもロマンチックな雰囲気が醸し出されていた。毎月二回の夜のバンドンでの水泳は私の最大の楽しみであった。

バンドンの屋台での食事

ダルマディさんとの水泳後、私は一緒に夜の食事をすることにしていた。二人の行くところはいつも決まっていて、屋台を少し大きくしたようなこじんまりした薄暗い電灯の中華料理屋であった。この中華料理屋は街の中にあるのではなく、バンドンの少し山手の涼しい静かな場所にあった。

バンドンでは大きな一流のレストランで食事をするよりも、こういった道端にある屋台のような小さな一般庶民が集まるレストランで食事するのが私には合っていた。というのはこういった道端の大衆レストランで食事をすることによって、その土地の人々の服装や表情さらに生活習慣をつぶさに観察することができ、私自身こういったことに人一倍興味を持っていたからである。

ここでは先ずダルマディさんと冷えたインドネシアのビンタン・ビールで乾杯し、それから食事に入ることにしていた。ひと泳ぎしたあとの最初の冷たいビールはなんとも言えない格別の味があった。バンドンの山手地帯の夜はとても涼しく、静かな雰囲気に包まれていた。

二人がここで食べるメニューはいつも決まっていて、鶏肉の汁そば（Mie Ayam）とバソ・イカン（Baso Ikan）という丸く団子状になった蒲鉾、これで足らない場合は焼き飯（Nasi Goreng）を追加することにしていた。二人は大食することを避けていたのだろうか、食事はいつも簡単なメニューであった。

我々二人は食事をしながら日頃溜まっているストレスを解消するかのように思う存分話し合った。話題は日頃のビジネスのこと、インドネシアの政治・経済のこと、家庭や子供のこと、そして互いの人生のこと等々、一晩中語り合っても尽きないほど沢山あった。

私はこのように毎月二回、道端の屋台を少し大きくした中華料理屋でダルマディさんと食事をし、話し合いながらバンドンの夜を過ごすことにしていた。

ジャカルタ日本人学校

ジャカルタ日本人学校は一九六九年（昭和四十四年）五月五日、日本国大使館付属ジャカルタ日本人学校として児童数十一名で開校している。

その後、私の家族が最初に来た一九八二年（昭和五十七年）四月に小学校・中学校併せた生徒数は八百二十二名、三年後の一九八五年（昭和六十年）四月には九百二十二名を数えている。さらにこれとは別に付属

ジャカルタ日本人学校

幼稚園があった。ジャカルタ日本人学校の生徒数が開校後約十五年を経てこれだけの数になったことは、いかにジャカルタにおける日本人家族が増えたかを示すものであった。

ジャカルタ日本人学校には登・下校用に生徒を運ぶスクール・バスがあった。一台四十人弱の児童が乗っていたので、全体ではおよそ二十五台の大型バスが運行されていた。生徒のバス代は各家庭が負担し、各バスには毎日当番のお母さんが添乗して児童の付き添い役をしていた。さらにバスの後方で、イクット（Ikut）車という追従車が走り、この追従車にはもう一人別のお母さんが乗っていた。無論これは登・下校時の児童の安全確保のためであった。お母さんたちの負担は大きかったが、児童の安全確保という至上命題のためには致し方のないことであった。ジャカルタではこれほどまでしなければ安心できなかったのである。

またジャカルタ日本人学校では年に一度の運動会と

文化祭があった。その日は朝早くから家で母親が弁当を作り、家族は一台の車に乗って学校へ行くのが通例であった。学校の運動会と文化祭はどんなに忙しい時でも、私は毎年欠かさず見に行った。

運動会は自分の子供が一年毎に身体的にどれほど成長したかを確かめる絶好の機会でもあった。毎年それを見て、子供の成長を確かめるのが楽しみでもあった。またこういう学校の行事がある時は、いつも一家が揃って家を出発し、帰りも一緒であった。そういう意味では、当時家族のスキンシップは日本内地のそれよりも強いものがあったように思う。そして学校の行事がある時は、日本人学校の近辺は車で混雑し駐車場を探すのに大変だった。ジャカルタでは、学校が歩いて行く距離にはなく、さりとて安全なタクシーやバスは全く期待できず、どこの家庭も自分の車で行くしか方法がなかったのである。

一方文化祭も結構楽しかった。特に子供たちがインドネシアの歌をインドネシア語で合唱するのを聞くのが楽しみであった。インドネシアには色々と素晴らしい、心に響く歌がある。中でも私の好きな歌は「ブルン・カカ・トゥア（Burung Kakak Tua＝鸚鵡《おうむ》）」「ハロ・ハロ・バンドン（Halo Bandung）」であった。子供たちは一生懸命インドネシア語で歌っていた。この他、私の好きな歌に「ブンガワン・ソロ（Bengawan Solo）」があった。この歌こそ心に響く、魅力ある歌であった。

一九六七年の雨季、私は中部ジャワに流れるソロ川を訪れたことがあった。土砂で茶色に染まった川の水がとうとうと流れていた。私の見たソロ川はそれほど大きいものではなかった。私はこれがあの「ブンガワン・ソロ」の歌で有名な川なのかとセンチメンタルな気持ちになって、暫く堤防に佇んでいた。この歌の文句に「雨季には、水が溢れんばかりに遠くまで流れる」とあるように、ソロ川は茶色い水をたたえて、溢れんばかりに勢いよく流れていた。雨季のソロ川の光景は今も私の心の中に焼き付いて離れない。

一九八〇年代半ばには、ジャカルタ日本人学校は小・中学校併せてその生徒数が九百名以上となり、良い意味での競争があって生徒同士が学習や運動に互いに切磋琢磨し、年に一度の運動会や文化祭は活気に溢れていた。私は毎年楽しみに必ずこの二つの行事に出席していた。

子供の成長と教育

一九八二年四月から一九八八年八月までの六年四ヶ月に及ぶ家族帯同時代の「子供の成長と教育」について触れておきたい。

長男は小学校二年から中学校二年まで、二男は幼稚園年長組から小学校六年までの六年間、成長真っ盛りの時期にジャカルタに滞在していた。この時期は誰でもそうだが、教育や体育の両面で重要な時期であった。我が家の二人の息子はこういった重要な時期に年中暑いインドネシアで過ごしていたのであるが、特別これといった大きな病気もせず身心共に順調に育っていった。

ところで当時のジャカルタ日本人学校の生徒数が小・中学校を併せて九百人を上回る多人数であったことから、それなりの生徒間の良い意味での競争が生じ、互いに切磋琢磨していた。そして学校で使う教科書や教材はすべて日本内地から送られてくることから、教育レベルは内地並で心配の要らないものであった。学校の先生たちは三年の任期で内地から派遣されていた。あとはいつものことながら、勉強や運動は生徒本人が自覚して、どう取り組むかだけのことであった。

どこの家庭でも同じだが、小学校の頃はあまり心配しなかった教育のことも、さすがに中学生になると少し気になってくるのである。それは中学生になるとジャカルタ日本人学校の生徒数が急に減ることで分かる。

ジャカルタには、一九八〇年代、既に日本から進出してきた小さな「塾」があった。「塾」といっても、本格的なものではなく、補習的なものであったように思う。日本の「塾」が遥か遠い南国インドネシアにまで進出していることに、些か驚いたものだ。授業料はちゃっかりしていて為替変動の激しい現地通貨のルピア（Rupiah）ではなく、米ドルであった。「塾」を経営する側からみれば、それも当然のことだろうと思った。いずれにせよ教育熱心な親にとっては、たとえ小さな「塾」であっても、ここ南国インドネシアに「塾」があることは、大変有難いことであった。

インドネシアで子供の教育上気掛かりになったことは、学習用の参考書とか子供が読みたい一般の日本語の本（物語本）が入手できなかったことである。ジャカルタのジャパン・クラブに行けば、日本からの本はそこそこあるが、必ずしも読みたい、探している本とは限らなかったようである。日本であれば、いつでもどこでも簡単に読みたい好きな本が入手できるが、ここインドネシアではそれはできなかった。

従って六年半近くインドネシアに滞在していると子供たちの国語力が弱くなるのは当然であった。敢えて気掛かりなことと言えば、このことであった。これ以外のことはそれほど心配する必要はなかったように思う。

海外における子供の教育のことを心配しない親はいないが、ジャカルタにおいては立派な日本人学校が

リトル・リーグ野球

あるのでそれほど心配する必要はなかった。我が家の場合は、教育もさることながら、二人の息子がリトル・リーグ野球に参加することでチーム・プレーの精神を学んだことが大変良かったと思う。そして帰国後は日本の学校に直ぐ溶け込み、友達も沢山でき、問題なく進んでいったようだ。世間でよく言われる「帰国子女に対するいじめ」というものは受けることもなかった。さらに日本内地の子供たちとの学力の差も殆どなかった。今後もしジャカルタへ家族同伴で行かれる方があるなら、子供の教育についてはそれほど心配する必要はないと言いたい。結果として我が家の場合何事につけてもそれほど心配する必要はなかったと言える。

リトル・リーグ野球

二人の息子は土・日・祝日はリトル・リーグの少年野球に参加し、練習や試合をして楽しんでいた。

スポーツを通じ身体を鍛える意味で、子供たちのリトル・リーグへの参加は有意義であった。

このリトル・リーグ野球にインドネシア人の子供たちは勿論参加できたが、殆どが日本人の子供たちで占められていた。というのはインドネシアでは野球があまり盛んでなかったからである。南国の燦燦と照る太陽の下で、子供たちは真っ黒になりながら白球を追って野球に励んでいた。

父親たちはボランティアとしてその手伝いをしていた。私もその例に漏れず、休日は子供たちと共に野球場へ行き親子揃ってグランドを駆け回っていた。

一方母親たちは応援に参加していた。どこの親もそうだが、野球を通して日々成長する子供の姿を見るのが楽しみで殆どの親たちは積極的に野球場に来ていた。

また野球場は親たちの社交場であり、情報交換の場でもあった。日頃家庭にいる母親たちは互いに話をしたくても家が離れていて充分話ができないという事情があって、野球場へ来るとそれこそ顔をつき合わせて思う存分話が自由にできたのである。そして彼女たちは堰《せき》を切った水の如く、それまで溜めていた話を一気に始めるのであった。メイドさんのこと、買い物のこと、子供のこと等々、日頃悩んでいること、分からないこと等々を互いに話し合い情報交換をすることができた。

また野球場は、情報交換以外に母親たちが異国の地で日頃溜めているストレスを解消する場でもあった。インドネシアにおける母親たちのストレスは予想を遥かに越えるものがあった。何か困ったことがあった場合、相談相手に親や兄弟姉妹、そして親友たちが身近な所にいないため誰にも相談できず、そのストレスたるや相当なものがあったようである。

他方父親たちも日頃の仕事のことをすっかり忘れてグランドで子供たちとキャッチ・ボールをしたり、ノックをしたりと子供たちの手伝いをしながら指導をもしていた。ある人はチームの監督を引き受けたり、ある人はコーチになったりとリトル・リーグ野球に協力し貢献していた。父親たちも日頃のストレスや運動不足を解消するため、グランドを駆け回っていた。私もその一人であった。

このリトル・リーグには四チームがあった。ある期間を区切って、チーム毎の試合が行われていた。四チームの中でどのチームが優勝するかをリーグ戦で争うものであった。そして毎週休日には、南国特有の強い直射日光の下、白熱した試合が展開されていた。

優勝を争う試合ともなれば、それこそ母親たちは必死になって応援し、我が子への熱烈な声援を送っていた。彼女たちは観客席でグランド全体に響き渡る大きな甲高い声を出して可愛い我が子を叱咤激励していた。傍にいる私は、あまりの声援の熱烈さに驚くことがあった。母親たちの我が子への叱咤激励するあの大きな甲高い声は、自分のお腹を痛めて生んだ子供への本能的な愛情表現そのものであった。母親の分身である我が子への声援は、決して父親にはない母親だからこそできる、母性本能的な愛情に満ち溢れた情熱のこもったものであった。私は母親の熱烈な声援ぶりを目の当りにして、さすが母親は強いといつも感心し圧倒されていたのである。

ところでインドネシアのチームは毎年一度の極東アジア大会に参加していた。開催国は毎年順次変わるのである。昨年香港であったなら、今年は日本、次は台湾というように開催国は輪番制になっていた。

一九八六年（昭和六十一年）夏のこと、極東アジア大会が東京の駒沢球場で開かれた。その時、長男が小学校六年生でインドネシア・チームの一員としてこの大会に参加した。勿論インドネシア国を代表するチームであった。私と家内と二男の三人は、試合を観戦するため東京へ行った。一家揃ってのインドネシアからの観戦であった。

当時週刊読売（昭和六十一年八月二十四日号）が東京・駒沢球場でのインドネシア・チームの参加のことを選手全員の写真を入れて大きく報じていた。長男もその中に入っていた。そこにはインドネシア・チームを紹介する永六輔さんのコメントも載っていた。日本のスポーツ新聞も連日試合の結果を克明に報じていた。

駒沢球場でインドネシア国チームが日本国チームと対戦した際、日本国チームの選手が「相手がインドネシアなのに、何故日本語がそれほど上手なのか」と尋ねていたという。インドネシア国チームといっても、選手は我が息子も含めて殆ど日本人で構成されていることを日本国チームの選手たちは知らなかったのである。インドネシア国チームはインドネシア人ばかりだと思っていたのだろう。このことはあとで笑い話になったが、日本国チームの少年らしい素朴な疑問は当然なものであった。

そして二年後の一九八八年（昭和六十三年）、グアムで極東アジア大会があったが、この大会に今度は小学校六年生の二男がインドネシア・チームの選手として参加した。

このようにインドネシアのリトル・リーグ野球は、インドネシアに滞在する子供たちにとって、良い運動になり、良い経験になり、良い思い出になったと思う。今我が家には、思い出深い当時のリトル・リーグの写真を所狭しと飾っている。

年一度のシンガポール健診

会社の規則でインドネシアに在住する駐在員とその家族は、年に一度シンガポールでの健診が認められていた。というのは一九八二―一九八八年（昭和五十七―六十三年）当時、インドネシアでは日本人の健診が難しかったからである。従って家族四人は毎年一度適当な時期にシンガポールに出て健診を受けていた。

シンガポールは治安状況がすこぶる良く、品物はなんでもある、食べ物は美味しい、タクシーは安全で誰でも乗れるとくれば、ジャカルタからやって来た者にとっては、それこそ天国を訪れたようなものだった。特にシンガポールで久し振りに食べる新鮮なネタのにぎり寿司は、この世にこんな美味しいものがあったのかと思うほどの味であった。

シンガポールは中国人社会であるだけに、中華料理も本場の味で大変美味しかった。その美味しさはジャカルタで食べる中華料理よりも格段に上であった。

私たち家族にとっては年に一度のシンガポール健診は日頃のインドネシアでのストレスを解消する上でも大変有意義なものであった。

シンガポールでの健診を終えてマレーシアやタイにも足を伸ばすことがあった。マレーシアやタイは、いずれもアセアンの主要国であり、これらの国を訪問することで私たちが住んでいるインドネシアと比較することができるなど、それなりの訪問の価値はあった。年一度のシンガポール健診は我々家族の楽しみでもあった。

この時期、テックスファイバー社の橋本さんや長岡さんに大変お世話になった。特に家族四人がジャカルタで快適に生活できるよう温かくご配慮頂いたことはなによりも有難いことであった。

メダンからトバ湖へ

家族四人は年一度のシンガポール健診を終えてジャカルタに帰る途中、インドネシアのスマトラ島第一の都市メダンに立ち寄り、トバ湖を訪れたことがある。

トバ湖はスマトラ島北部にあって、メダンの街から車で約五時間ほどの所にあるインドネシア最大の湖であり、世界最大級の山岳湖でもある。トバ湖の面積はおよそ一千七百平方キロで琵琶湖の約二倍の広さがある。

メダンからトバ湖に行く途中には、広大な素晴らしいゴム園が続いていた。このゴム園はオランダ植民地時代のプランテーションで、それは延々と何キロも続く雄大なゴム林であった。ゴム園の真中辺《あた》りまで来ると、ゴムの木々が密集していて辺りは薄暗くひんやりとしていた。そこは不気味なくらい静寂であった。熱帯の地に果てしなく続くゴム園を見て私はそのとてつもない広さにしばし感動していた。

ゴム園の真中辺りに来るとさすがに車も少なくなり、運転手は待ってましたとばかりに得意げにアクセルを一段と強く踏み、猛スピードを出してゴム園を走り抜けようとしていた。雨季は車のスリップが多いのでトバ湖までの延々と続く道には、充分気を付けるようにと以前メダンの華人が言っていたのを思い出していた。そして私は幾度となく後部座席から運転手の肩を軽く叩きながら、「ハティ・ハティ・ヤ(Hati-hati, Ya)」(注意しなさいよ)と安全運転をするよう注意を促していた。

メダンからトバ湖へは途中シアンタールという町のホテルで休憩をし、五時間余を掛けてトバ湖に到着した。トバ湖は日本の摩周湖や十和田湖のように火山の爆発で大量マグマが噴出し、そのあとに生じた陥没に水が溜まってできた湖で、いわゆるカルデラ湖と呼ばれるものであった。トバ湖は湖面が標高およそ九百mもあって、その周囲は高さ数百mの断崖となっており、風光明媚なところから「東洋のスイス」とまで言われるほどの名勝地でありリゾート地でもあった。

さらに湖の中央には淡路島と同じくらいの広さのサモシール島があって、この島にはインドネシアでもキリスト教徒の多いことで知られているバタック族が住んでいた。

我々家族四人は小さな舟に乗ってサモシール島に渡った。島はのどかで、のんびりしたムードに包まれ別世界を形成していた。

このトバ湖には昔から伝説があった。それは「サニアン」と呼ばれる龍の女神がこの湖を支配しているという伝説であった。トバ湖は時として天候が急変することがあり、突然湖上の上空が黒い雲に覆われ、強い風が吹き、激しい雷雨があるのだ。そして湖上は突然波が高くなり、そのため、時として舟が転覆することがあった。この時は龍の女神「サニアン」が激しく怒っているのだと言われる。サモシール島への小さな船に乗った私たちは、このような伝説があることを船頭から聞いたのである。

このことを聞いて、私たちは帰りの舟に乗ったはよいが、上空を見上げるとそれこそ黒い雲が垂れ下がり、今にも雨が降りそうな状況になってきたので急に不安になってきた。兎に角向こう岸に辿り着くまでまだ時間がある、なんとか天候が急変しないようにと、心の中で祈っていた。「サニアン」の伝説を聞いたことがきっかけで、急に心細くなってきたのだが運良く天候が荒れない内に向こう岸に到着した。この時ばかりはほっと安堵したものである。

私は一九六七年（昭和四十二年）を最初として、今回のトバ湖訪問は二回目になったが、トバ湖はいつ訪れても自然が豊かで、神秘的な雰囲気に包まれた素晴らしい湖である。また湖畔のプラパットの町は標高がおよそ六百五十ｍあって、熱帯の地であるとは言え昼間の平均温度が二十二度で、過ごしやすくリゾート地にもなっている。機会があれば次は湖畔で一泊する積もりで行ってみたいと思う。

ボロブドゥール遺跡へ

家族四人で中部ジャワにあるボロブドゥール遺跡を訪ねた。この遺跡は中部ジャワの古都ジョクジャカルタの北西約四十キロの地点にある世界的に有名な仏教遺跡である。

この遺跡は仏教を信仰したシャイレンドラ王朝が八-九世紀にかけて建造した遺構であって、七十五-九十年をかけて建てられたと言われている。ボロブドゥールの意味は「丘の上の僧房」で、「ボロ」はサンスクリット語で「僧房」を意味し、「ブドゥール」はジャワ語で「丘」を意味する。

家族とボロブドゥール遺跡にて

遺跡の構造は九層のピラミッドで、方形の六層の下部構造と円形の三層の上部構造からなっている。土台の第一層は縦・横百二十ｍの正方形で、高さは最初四十二ｍはあったと言われているが、今は約三十五ｍとなっている。壁面にある浮き彫り面の数は一千四百六十、据えられた仏像は五百四体である。しかし損傷したり、失われている部分が結構ある。尚ボロブドゥールを形成している石材は、近くにある活火山メラピの噴火で発生した安山岩である。

一八一四年、ジャワの副総督であった英国のトーマス・スタンフォード・ラッフルズによって、密林の中から発見されたと言われている。建立時期が八世紀後半と言われていることから約一千年の間、人に知られず、ずっと密林に眠っていたことになる。

このボロブドゥールができた頃、奈良の東大寺大仏殿の開眼法要（七五二年）が行われている。しかしボロブドゥール遺跡は長い間熱帯の厳しい自然条件にさらされてきたため遺跡の損傷は急速に進み、このまま放置しておくと遺跡全体が崩壊するのは必至の状態となった。

そこでインドネシア政府は一九六七年ユネスコに救援を求めた。最終的に修復工事は一九七三年から一九八二年までの約十年で完了した。一九八三年二月二十三日スハルト大統領は国内をはじめ外国からも多数の賓客を招いて、政府主催の盛大な落慶式を行った。

私は最初一九六七年（昭和四十二年）にボロブドゥールを訪れているが、家族三人は今回が初めてで、壮大な仏教遺跡を見て大変驚いたようだ。私のボロブドゥール遺跡訪問は今回で三回目だが、いつ来ても壮大な、魅力溢れる仏教遺跡を見て感動するのである。

私がここを訪れていつも思うことは、何故これだけ大きな建造物が一千年もの長い間、誰にも発見されず、密林の中に静かに眠っていたのだろうかと。ここが日本ならもっと早く発見されたであろうと。しかも発見者がインドネシア人ではなく外国人なのである。さすがにのんびりした、おっとりした、大らかな南国インドネシアの風土そのものを象徴しているようだと妙に感心させられるのである。またこの建造物がいつ、何の目的で建てられたのか正確なことが分かっていない。そして最上部にある仏塔の中に果たして何が納められているのかも不明と聞いている。まだ色々と謎に包まれていることが多いようで、早いところの解明を期待したいところである。

いずれにしてもボロブドゥール遺跡は世界に誇る大仏教遺跡であり、今やインドネシアの観光の目玉となっている。

ブロモ山を行く

一九八五年（昭和六十年）一月、東部ジャワにある海抜二千三百九十二ｍの活火山、ブロモ山に行くことになった。家族四人はジャカルタからジャワ横断のスラバヤ行き特急列車ビマ号に乗った。ジャカルタのコタ駅始発の夜行列車であった。途中列車の遅れで約十四時間掛けてインドネシア第二の都市スラバヤ（東部ジャワ）に到着した。

途中、列車が深夜の中部ジャワで何があったのか信号待ちをした。この時二時間ばかり遅れたが乗客は誰一人として苦情を言わずに黙って静かに待っていた。さすがにインドネシアの乗客たちは辛抱強いのか、大らかで寛容なのか、文句の一つも言わず、落ち着き払っていたのには驚いた。日本であれば、それこそ乗客は黙っていないだろう。或いは乗客たちはまたいつも通りのよくありがちな遅れだと諦めていたのかも知れない。

スラバヤに着いた我々家族四人はこの街で一泊した。そして翌日ホテルから四時間ほど車に乗ってブロモ山の麓に到着した。その夕方、山の中腹に到着しそこで小さなホテルに一泊した。それから翌朝午前四時、まだ暗い内に起床し、眠い目を擦りながらホテルを出発してブロモ山の頂上を目指すのであった。

キラキラ輝く満天の星空の下、ロバのような小さな馬に乗って山を登るのである。私と小学校四年生の長男はそれぞれ一頭の馬に、家内と小学校二年生の二男の二人はもう一頭の馬に乗って行く。頂上には日の出前に着き、朝日を拝むコースであるが、当日曇りだったのであいにく朝日を拝むことはできなかった。しかし天候が荒れず、雨が降らなかっただけでも良しとすべしだった。というのは雨季の時期は、ここブロモの山頂は天候が荒れやすく、いつ急変するか分からなかったからである。

ブロモ山で我々四人を待ち受けていたのは、予想を遥かに上回る寒さであった。この寒さは全く予想しなかったことである。赤道直下でありながら、このように身が震える思いのする寒い所があるのかと呆れて驚くばかりであった。兎に角寒さを防ぐために手を靴下で包み、耳をタオルでカバーし、身体を毛布で巻かねばならなかった。本来は本格的な防寒具が必要であった。しかし防寒具といっても殆どなにも持ち合わせていない状態だったので靴下を手袋代わりに、タオルをスカーフ代わりに、身体を毛布で包むなど、あらゆるものを使って寒さを防がねばならなかった。我々家族四人にとっては全く予想外のことであった。

南国インドネシアにこれほど寒い所があるとはそれまで知らなかったことである。その時私は昔耳にしたアフリカの海抜五千八百九十五mのキリマンジャロの雪と氷河のことを思い出していた。赤道直下のキリマンジャロに雪が積もったり氷河ができることを思えば、ほぼ同緯度のここブロモ山の寒さも理解できないことはなかった。それにしても赤道直下のブロモ山は、私の予想を遥かに上回る寒い山であった。

ブロモ山は九州阿蘇山のようなカルデラ式の火山である。下山する時には既に太陽が昇り、周囲はすっかり明るくなっていた。頂上から少し下りた所は、一面砂の広野が続いていた。我々親子四人はあの広大な鳥取砂丘を馬に乗って散策しているような気分であった。

私は馬に揺られ、砂の広野を前進しながら思い出していた。それは昔少年の頃に見たあのアメリカ映画の西部劇のシーンであった。西部劇に出てくる保安官が馬に跨《またが》り、ピストルを腰に付け、雄大な果てしない広野を誇らしげに前進するシーンであった。私はそのシーンをブロモで演出しているかのような気分になっていた。果てしなく続くブロモの平原は、あの西部劇に映し出される広野に似ていてとても広大であった。

その後親子四人は馬に揺られ、ブロモ山の裾野を目指してゆっくり前進して行った。そして昼過ぎには下山が完了し、その後東部ジャワのプロボリンゴの町を経由し、スラバヤの街に戻った。家族四人の楽しい、思い出深いブロモ山への旅であった。

ところで二〇〇四年（平成十六年）六月九日付けの朝日新聞は「インドネシア・ジャワ島東部にある活火山ブロモ山が八日午後三時（日本時間同五時）過ぎに噴火した。現地からの報道によると、落石とみられる事故で二人が死亡したほか、少なくとも五人がけがをした。亡くなったのはシンガポール人とインドネシア人」と報じていた。

我々家族四人は当時このような事故が起こるとは全く考えずに登っていたのである。今から考えると「知らぬが仏」の登山であった。思えば大変危険なことをしていたのである。

子供の習い事

二人の子供は習い事としてバイオリンをしていた。先生はインドネシア人でプラボウという名の人であった。この先生はかって日本で音楽留学をした経験があって、日本語は大変流暢であった。奥さんは日本人で、プラボウ先生とは日本留学中に知り合い、熱烈な恋愛の末結婚された。そして結婚後インドネシアで生活され、奥さんはピアノの先生としてジャカルタ在住の日本人の子供たちを相手に教えていた。いわばプラボウ

音楽発表会

家はバイオリンとピアノの音楽一家であった。

日本人女性がインドネシアの男性と結婚し、インドネシアに移り住んで家庭をもつことは多いが、殆どその場合、女性自身も仕事をしている。このプラボウ一家も奥さんが音楽を教えていた。毎週一度の先生宅でのバイオリン練習のため家内が車で二人の子供の送り迎えをしていた。

子供たちの音楽発表会は、ジャカルタの大きな立派な会場で毎年一度開催されていた。日頃の練習の成果を発表する会だけに、子供たち出演者は普段よりもかなり緊張していた。発表会はバイオリンの部門とピアノの部門に分けられ、きちんとしたプログラムに基づいて粛々と進行していた。聴衆者は親以外に子供の友達やインドネシアの一般の人々で占められていた。会場は年一度の音楽会ということで結構賑わっていた。

私はインドネシアに滞在永しといえども、これほど盛況な子供たちの音楽発表会をそれまで見たことはなかった。これは独身時代や単身赴任時代のインドネシア勤務では、決してできない経験であった。いわば我が子が出演しているから出席するもので、家族同伴の駐在員生活だからこそできる経験であった。

私は日頃の忙しい仕事のことを忘れて子供たちが奏でる音楽を聞きながら、南国インドネシアで楽しい夜の音楽鑑賞という優雅なひと時を過ごすことができた。私は内心家族に感謝していた。

観光地バリ島のこと

観光地バリ島といえば誰でも知っているが、バリ島がインドネシアであることを知らない人もまた結構多いのである。「バリ島ってインドネシアだったの」という人によく出会う。確かにバリ島はジャワ島やスマトラ島とは趣が違っていて、独立した別の国に思われがちである。それは最もだと思う。理由はなんといってもバリ島は古くから世界的に有名な観光地であること、宗教がインドネシアの他の島々と違ってヒンドゥー教であること等であろう。従ってバリ島はシンガポールのように独立した島のように思われるのである。しかしバリ島はれっきとしたインドネシアなのである。

私が最初にバリ島を訪れたのは一九六七年（昭和四十二年）で、蝶理のジャカルタ駐在員の時だった。当時バリ島の名前は既に有名であったが、観光客はちらほらとまばらで、まだまだひっそりとした訪れる人の少ない島であった。私は日本の戦後賠償で建てられた当時では超豪華なバリ・ビーチ・ホテルに宿泊したが、宿泊客は少なくホテルの中はひっそりとしていた。そして村に入ると、バリの女性たちが頭に籠を載せ、上半身は裸で悠々とのんびりと歩く姿があちこちで見られた。バリの田舎の悠長な光景であった。今はそのような姿は見られない。

バリ島のことは最近観光案内の本が多数出ているので、ここでは一々書く積もりはないが、バリ観光の主なものを並べると①「バリダンス」「バロンダンス」「ケッチャックダンス」と言われる「踊り」、②「ガムラン」と呼ばれる楽器で奏でる音楽、③「クタ・ビーチ」「サヌール・ビーチ」「ヌサ・ドゥア」等の美しい海岸での日光浴やサーフィン、④芸術村と言われる「ウブド」（地名）の見学、⑤霊峰として崇められるアグン山（海抜三千百四十二m）の風景鑑賞、⑥四千六百以上もあると言われるヒンドゥー教寺院やお祭り、⑦木彫り、金銀細工、絵、バティック（ジャワ更紗）等の製造見学と土産品の購入、等々である。

一九八四年五月、ジャカルタにある日本の大手繊維メーカー・ティフィコ社（帝人の子会社）の招待でジャカルタから国内線ガルーダ航空に乗ってバリ島を訪れた。ティフィコ社はインドネシアで合成繊維のポリエステル・フィラメント及びファイバー（綿《わた》）を生産するメーカーで、同社は客先をバリに招待し、同島でゴルフ大会を開催した。テックスファイバー社に勤務していた私はこのゴルフ大会に招待されたのである。

ゴルフ場はバリ島北部の高原地帯にある「バリ・ハンダラ・カントリー・クラブ」で、この高原地帯は海抜一千mほどもあって、ゴルフ場はとても涼しく、時々霧がおりることがあった。コースは幅が狭くアップ・ダウンもあって、その上多くの木々があるなど結構難しいコースであった。私は今までこのコースで二回プレーしたが、いずれもスコアが悪く、どちらかといえば苦手なコースであった。「良いコース」だという人もいるが、私はそうだとは言えなかった。私はスコアが悪くなると、「悪いコース」だと言うのが悪い癖であった。私にとっては「バリ・ハンダラ・カントリー・クラブ」は難しいコースだが、思い出深いゴルフ場でもある。

バリ島は何度行っても良いところだが、何が良いかといえばやはりのんびりと休養ができ、不思議と心身が休まることである。特にバリ島の芸術村と言われるウブドはそういう所であった。ウブドに滞在しているとなぜか心が落着くのである。

またバリの人々と話をしていると彼らはバリが観光地・保養地であることの自覚と誇りをもっていることだ。そして彼らは我々外国人観光客に対しては、丁重に、親切に、優しく接してくれる。さらにバリには観光収入があるためか、バリ人は中央の政府に頼らずとも自分たちだけでもやっていけるという思いが強いようだ。それにインドネシアの八十八％がイスラム教であるのに対し、バリは僅か二％のヒンドゥー教が全体を占めている。宗教の違いも彼らの自立心を助長しているのではないだろうか。彼らと話をしていると、ジャワ島の人たちとの考え方の違いを感ずるのである。

いずれにしても今後バリ島が世界の観光地・保養地として益々発展・繁栄することを祈って止まない。

家族と共に帰国

家族同伴のインドネシア勤務は、一九八二年（昭和五十七年）四月から始まり、一九八八年（昭和六十三年）八月までの六年四ヶ月であった。家族同伴の勤務は時間の過ぎるのが大変早く、六年四ヶ月の歳月があっという間に過ぎた。やはり家族一緒の海外赴任が一番良いと思った。家族が傍にいるとなにかと安心できるからである。

いざ帰国が決まるとなると単身赴任の時とは違い、今まで家族が付き合ってきた人々への挨拶、家の荷物の整理等で多忙な日々が続く。特に家族四人分の荷物が単身赴任の時と違って何倍も多い。そして六年四ヶ月の間に購入したインドネシアの土産品の数々、ラタン製の机や椅子の家具類等々すべて船便で日本に送らねばならず、その梱包に追われる日々が続いた。

またメイドさんに料理担当のサルミーと洗濯・掃除担当のイナムという名の二人がいたが、彼女たちは仕事が勤勉、性格が素直、そして正直であった。彼女たちは我が家族のために黙々と協力し一生懸命尽くしてくれた。二人は今までの中では一番良いメイドさんであった。我々家族四人にとって彼女たちとの別れはとても辛く悲しいものであった。そして最後は涙の別れとなったのである。

スカルノ・ハッタ国際空港では、今まで付き合ってきた大勢の日本人家族の方々や子供の友達の見送りがあり、最後の別れの挨拶を交わしていた。将に「会えば必ず別れがある」という言葉通りの光景であった。それにしても多くの人々の見送りがあった。これは単身赴任時代には決してない、家族帯同だからこそする経験であった。

結局私は一九八八年（昭和六十三年）八月十六日、第三回目の六年半に及ぶジャカルタ駐在員生活を終えて、懐かしい日本の土を踏みしめたのである。

折りしもこの日は、京都の夜空を焦がす伝統的な行事の一つである大文字の送り火の日であった。この伝統的な大文字の送り火の創始者は平安時代の弘法大師空海と室町時代の八代将軍足利義政の二説があるが、送り火は先祖の霊を送ること及び国家安泰、家内安全、疫病退散のための神聖な火と言われるものである。

幼少の頃、京都で毎年欠かすことなく、宗教的で神秘性を帯びたこの五山の送り火を見ていたことを、大阪国際空港（伊丹）に間もなく着陸しようとする機中で、私は懐かしく思い出していたのである。永い間ご無沙汰していた祖国日本の地を、間もなく踏むことができるのだという思いもあって感無量であった。

六年四ヶ月の間、南国インドネシアで暮らしてきた家内と二人の子供たちも、あと暫くでご無沙汰していた母国日本に到着するのだという思いがあったのだろう、三人はうれしさ一杯で笑顔に満ち溢れていた。そして私は家内と子供たちに「永い間ご苦労さま、お疲れさま」と感謝の気持ちを込めて独り心の中で呟いていた。

家族四人を乗せた飛行機が大阪国際空港の滑走路に「ドスン」というタイヤの音を立てて無事着地したその瞬間の感動とその時の喜びはいつまでも忘れることはないだろう。

第四章　「二回目の単身赴任時代」

四回目の長期駐在

今回単身赴任としては二回目になるが、長期駐在としては四回目である。一九九〇年（平成二年）から一九九九年（平成十一年）までの九年間であった。

一九八九年（平成元年）、それまで勤めていた蝶理を辞め、別のルートでインドネシアに赴任したのである。丁度この年は昭和天皇の崩御があって昭和の時代が終わりを告げ新しく平成の時代が始まるという歴史的な年であった。

私は以前ジャカルタ駐在時代の知り合いである帝人出身の橋本氏の強い誘いで、インドネシアで四回目の長期滞在をすることになった。無論この背景には私のインドネシアに対する「納豆の糸の如く切っても切れない思い」があって、同氏の勤務するインドネシア系企業への誘いを快く引き受けたのである。

ところで今度は家族を日本に残しての「単身赴任」であった。長男は高校一年生、二男は中学二年生で丁度成長盛りの世間でよく言われる「反抗期」の時期であっただけに母子三人を残して日本を出るのは後ろ髪を引かれる思いであった。しかし年に一度か二度は日本に一時帰国することを心に決めていた。

今回のインドネシア勤務の特徴は、一九九〇年から一九九六年までの六年間はインドネシア系及びインドネシア系の会社、一九九六年から一九九九年の三年間は日系のメーカーに勤務したことである。そして二十世紀の最後の年を以って、私の二十年に亘るインドネシア勤務が終了したのである。

インドネシア系企業での仕事

一九九〇年（平成二年）七月、帝人出身の橋本氏が勤務するトリメックス（TRIMEX）社に着任した。トリメックス社はジャカルタにある貿易商社で、トリスラ・グループのホールディング・カンパニー（持ち株会社）でもあった。トリスラ・グループはバンドン及びジャカルタに大きな繊維織物工場を持つグループで、従業員は全体で三千人ほどのインドネシアでは大規模な繊維織物メーカーであった。

トリメックス社の社長であるキキさん（Mr. Kiky）はインドネシア国籍を持つ華人で、若い時からシンガポールやアメリカ合衆国で教育を受け、近代的なビジネス・センスを持った人であった。彼は当然のことながら英語はペラペラに話せる温厚な性格の好青年であり、トリスラ・グループの基礎はお父さんが築いたものので彼は二代目であった。

このトリメックス社には大勢の若い優秀な現地社員がいて、私はここでは輸出営業部長として彼らを指導する仕事に就いていた。同社は繊維の縫製品、例えば男性のスラックス（ズボン）とか女性用のスラックス及びスカート等を輸出する商社であった。そして私は日本向け輸出の責任者として現場の指揮をとっていたのである。

トリメックス社に入社したこの時期、インドネシアの国内繊維産業は鰻のぼりに発展し、既にインドネシアは輸出国に転じてアメリカ、ヨーロッパや日本向けに輸出していた。

一方前年の一九八九年（平成元年）六月、中国では天安門事件が発生していた。それ故日本の企業は当時混乱していた中国とのビジネスを避け、政治的により安定しているインドネシアやその他東南アジア諸国への進出を図っていた。私がトリメックス社に着任早々、大勢の日本人バイヤーが繊維品の買い付けのため次から次へと同社を訪れていた。従ってトリメックス社の日本向け縫製品の輸出はこれまた鰻のぼりに増えていった。

営業の責任者である私は日本向け輸出が益々増大して行くことに大いに気をよくし、少なくとも仕事上は気分的にゆとりのある日々を送ることができた。私はなんとラッキーな人間なのだろうかと思ったものである。通常最初の仕事は苦労が付きものだが、今回は順風満帆のスタートであった。私は毎月の売上げがぐんぐん伸びて行くことが楽しみであった。

ゴルフ三昧の休日

一九九〇―一九九五年（平成二―七年）、私はゴルフ三昧の休日を送っていた。単身赴任の気楽さもあって毎週一度または二度必ずといってよいほどゴルフを楽しんでいた。この時期、ゴルフの腕前は着実に向上していった。それまで一ラウンドで百を切れなかったスコアが九十の前半にまで上達したのである。以前ジャカルタで反日暴動が起こったため日本人は一時期ゴルフを自粛したことがあったが、今回ゴルフはそれこそ思う存分自由にできた。あのゴルフ自粛時代のことを思うと隔世の感があった。

私が度々プレーしたゴルフ場はジャカルタの住宅街のど真ん中にある名門コースの「ポンドック・イン

仲間たちとゴルフを楽しむ（パーム・ヒル・GC）

ダ・ゴルフ・コース」であった。このゴルフ場は街の中心地にも近く、便利な所にあった。名門コースだけにインドネシア政府の大臣クラスの人やその夫人たちもプレーしていた。日本人も大勢プレーしていた。

よく利用したもう一つのゴルフ場に「パーム・ヒル・ゴルフ・コース」があった。このゴルフ場はジャカルタとボゴールの間の高速道路沿いにあって、ジャカルタから車で一時間位の所にあった。このゴルフ・コースは周りの景色が美しく、広々としたのどかな環境の中にあった。またこのゴルフ場の経営者は日本人であって、会員も圧倒的に日本人が多かった。ここでは半田市（愛知県）出身の横井さん、名古屋市の寺本さん、西脇市（兵庫県）の岡本さん、そして私の四人が度々ゴルフの腕前を競い合い、切磋琢磨していた。コースは平坦で、周りの美しい景色を眺めながらプレーができるのでなぜか足取りも軽く、爽快な清々しい気分でプレーできた。

南国インドネシアでのゴルフは灼熱の太陽の下、常に厳しい暑さとの闘いであった。暑さに負けるとそれこそスコアはがた落ちとなるのが必至であった。最終の十八番ホールまで来ると汗びっしょりで、へとへとになりながら最後の力をふり絞ってホール・アウトするのがいつものことだった。ホール・アウトした時は、なにか大きな力仕事でもしたかのように疲れきっていた。そして赤道直下の強い直射日光があっという間に我々の皮膚を黒く焼いていた。

プレーが終わり、シャワーを浴びた後に飲む冷えた最初の一杯のビールは、炎天下での厳しい暑さとの闘いの直後だけに、この世にこれほど美味しいものがあるのかと思うほど美味しく感じた。このビールの味が忘れられず、これを楽しみにして我々はゴルフをしていたと言っても過言ではなかった。将に我々ゴルフ・プレーヤーは、目の前に冷たいビールという人参がぶら下げられて、それを目掛けて走る馬のようにゴルフ場へせっせと通い暑い中でプレーしていたのである。今から思うと炎天下の暑い中よくやったものである。

インドネシア人と結婚した日本人女性

トリメックス社の現地社員は殆どが若い人たちであったが、社員の中で只一人インドネシア人と結婚した五十歳前後の日本人女性がいた。彼女は日本人というよりむしろインドネシア人といった方が正確かも知れない。

彼女は東北は秋田の生まれで、年齢は私より少し若い程度で、名前はマジッドさんと言った。聞くところによれば彼女の旦那さんは、一九六〇—六三年（昭和三五—三八年）、スカルノ元大統領の日本政府への要請で行われた「賠償留学生」の一人で、日本の秋田大学に留学した。「賠償留学生」に選ばれるのは優秀だったのだろう。一九六〇年二月から一九六三年三月までにインドネシアから派遣された「賠償留学生」の数は三百十三名に及ぶと聞いていた。

日本留学中の彼は、彼女が勤務する銀行の窓口に来ては、インドネシアからの送金があるかどうかを問い合わせていたという。インドネシアからの送金が遅れた場合、多分窓口担当の彼女が同情の一心で、個人的に彼にお金を貸したりしていたのかも知れない。その内に両人は一留学生と一銀行員という関係を越えて、いつの間にか熱烈な恋愛に陥り結婚することになった。そして彼女は彼の祖国インドネシアへ移り住んだのである。

彼女はトリメックス社では私の輸出営業部で働いていたが、頭の回転が早く、よく気の付く賢明な女性であった。仕事上私は随分彼女に助けられた。イスラム教の「五行《ごぎょう》」の一つである「断食」の月がやって来ると、およそ一ヶ月間、彼女は日の出から日没まで一切の飲み食いをせず、真面目にそして厳格に「断食」の行を励行していた。昼間、会社の彼女の机の上には一切の飲み物が置かれておらず、いつも真横でそれを見ていた私は「この暑い中よくできるものだ」と感心していた。彼女は既に敬虔なイスラム教徒になっていたのである。

また当然のことながら、彼女はインドネシア語の会話が大変上手で、それこそ現地人並《なみ》の話し方であった。現地人がよく使うスラング（俗語）にも詳しく、時々私はそれとなく教えてもらうことがあった。

しかしある時、私は仕事のことで彼女にインドネシア語で文章を書くよう依頼したことがあった。その時彼女の書いたスペリングを見て、そこに幾つかの誤りがあるのに気が付き私は意外に思ったが、彼女には誤りがあることを一切伝えなかった。

私は元々学校でインドネシア語の読み書きの基礎を勉強していたので、その誤ったスペリングには違和感を覚え、誤りをすぐ発見できた。その時思ったことは、彼女はインドネシア語の勉強を最初に会話から入ったために、スペリングという基礎的なことが疎かになっていたことであった。彼女はインドネシア語の基礎勉強をする時間もなく、急遽インドネシアに来なければならなかったのだろう。これは致し方のないことであると思った。

外国語を習得するのに、会話から入るのと文字の読み書きから入るという二通りがあるが、この二つを同時に並行するのが最も理想的であると、この時あらためて認識させられた。会話は無論大切だが、いざ文章を書くとなれば基礎としてのスペリングも重要であることを彼女の文章を見てあらためて痛感させられたのである。

彼女は私より二年早い一九六四年（昭和三十九年）、インドネシアに来たと聞いていた。彼女は最初インドネシアへ来てまだ間もない頃、日中の暑い中を野菜や魚を売る市場へ買い物に行ったが、人ごみの中であまりの暑さと大変な悪臭、さらに食べ物に群がる蝿の群れを見て、その場で卒倒したという。それもそうだろう、東北の寒い所からいきなり赤道直下の暑いジャカルタへ来たのだから。そしてそれも人でごった返す、あの汚い悪臭が漂う不衛生極まりない市場へ行ったのだから、彼女は日本の東北との大きな落差にショックを受けたのだろう。将に彼女は天国から地獄に突き落とされた思いであったに違いなかった。

またある時、彼女がふと私に漏らした言葉に「私は日本を出る時、国際結婚ということで親戚縁者を含む周りの人々から白い目で見られ、親には随分心配をかけた。だから私は最大の親不孝者であった」と。彼女の口から発せられた、このしみじみした言葉に私は胸が打たれる思いであった。当時彼女は想像を絶するほど悩んだのだろう。結婚という一生一度の目出度い門出に対し、周りの人々から祝福されず、勘当に近いかたちで日本から追い立てられるようにして、遠い南国インドネシアへ旅立たねばならなかったのだろう。それを聞いた私は悲しくなり、同情のあまり心の中で涙していた。今でこそ国際グローバル化が叫ばれ、国際結婚に対してある程度の理解が得られるようになったが、当時は決してそのような環境にはなかった。しかも大都会ではない、まだまだ古いしきたりの多い東北の田舎町においてはなおさらのことであっただろう。

その後、彼女は幾多の困難を克服し、すっかりインドネシア人となってインドネシアに同化して幸せな家庭を築いたのである。こういう人こそインドネシアを理解し愛している人であって、真に日本とインドネシアの友好・親善に貢献している人ではなかろうか。マジッドさんのようにインドネシア人男性と結婚した日本人女性はまだインドネシアには大勢おられると思う。彼女たちは一体今どうしておられるのだろうかと思うのである。うまくいっている人があれば、そうでない人もいるだろう。機会があれば彼女たちの素晴らしい、波乱に富んだインドネシアでの人生を是非お聞きしたいと思うのである。

そして当時私はマジッドさんの日本名を幾度尋ねても答えてもらえなかったが、私が日本に帰国後、彼女から受けたファックスの最後のところに「恵子」という名が付け加えられていた。これを見て私は驚いた。

やっと彼女に心の余裕ができ、オープンにしようとしたのか日本名を私に教えてくれたのである。今後とも彼女がインドネシアで幸せな人生を送られんことを祈って止まない。

バンカ島を行く

毎年一度、トリメックス・グループ全体の幹部会議がジャカルタ以外の地方で開催されていた。それは二泊三日の会議であったが慰安旅行をも兼ねていた。

その中で最も印象深かったのは、スマトラ島南部の都市パレンバンから北東に位置するバンカ島であった。グループ幹部の全体会議はバンカ島以外には中部ジャワの古都スラカルタ（旧名ソロ）、そしてシンガポールに近いインドネシア領バタム島でも開催されたことがあった。毎年インドネシアの各地へ行くのは楽しみであった。私は人一倍好奇心が旺盛なのだろうか。インドネシアの地方へ旅して、新しいことを見聞することがこの上ない喜びであり楽しみでもあった。新しい所へ行くとなんだか胸がわくわくするのであった。

ところでスマトラ島東部のジャワ海に浮かぶバンカ島へ行った日本人は極めて少ないと思う。ジャカルタのスカルノ・ハッタ空港から小さなプロペラ機に乗って、真珠を散りばめたような美しい島々を真下に眺めながら北上すること約一時間半、飛行機はバンカ島の街パンカルピナンの空港にゆっくり、ふんわりと降りる。我々が乗ったのは一昔前の旧型の、翼の大きいのろのろ運行のプロペラ機であった。

バンカ島は一昔前までは錫《すず》の生産で賑わっていたが、今は錫の生産は殆どなく、すっかり寂《さび》れた島になっていた。所々に錫を採掘したあとの大きな穴があり、そこには雨水が溜まり、広い池になっていた。水の溜まった池は一昔前の華やかなりし錫採掘時代の面影を残していた。

この寂れた面影を見て瞬時に思い出したのは、あの有名な俳人松尾芭蕉が東北の平泉で詠んだ一句：「夏草や　兵《つわもの》どもが夢の跡」であった。バンカ島の錫採掘の全盛時代を謳歌した人々を「兵ども」とするなら寂れた大きな溜池は「夢の跡」であった。同時に私は日本の一昔前に賑わった石炭採掘の炭坑のことを思い出していた。将にバンカ島の錫採掘の終焉は日本の炭坑と同じで、その大きな溜池は栄枯盛衰の跡をひしひしと感じさせる光景を映し出していた。

バンカ島は訪れる人が少ないだけにひっそりとしていて、そこにはまだまだ自然が残っていた。なんとなく情緒のある静寂な雰囲気に包まれた島であった。そして弓なりの長く続く雄大な海岸に背筋を張った椰子の木々が競うようにして立ち並んでいる光景は、人の心を惹きつける素晴らしいものであった。

その日の会議が終わって、夕方私は一人海岸に出て散歩した。夕方ともなれば、さざ波の押し寄せるかすかな音がして、涼しい風が海辺から吹いてきた。その時、少年の頃よく歌っていた歌に「名も知らぬ　遠き島より　流れ寄る　椰子の実一つ・・・」があることを思い出し、なんとなくロマンチックな気分になって、独りこの歌を口ずさみながら岸辺を歩いていた。

そして目の前に広がる穏やかな真っ青な海を見つめながら、私はこの海が遠い彼方の日本に続いているのだと思うと強い望郷の念に駆られていた。今頃日本で家族はどうしているだろうか、みんな元気にしているだろうか、父親のいない母子家庭だが特に問題はないのだろうかと独り心配になって考えていた。

しかし幾ら考えても、今は遥か遠い熱帯の地にいる私にはどうすることもできなかった。そして思えば思うほど、やるせない、もどかしい気持ちになった。もし私が翼のある鳥ならば、今すぐにでも我が祖国日本へ飛んで帰りたいという思いで一杯になっていた。こういう思いは家族から遠く離れて、異国の地で働く者にしか分からない、切ない侘びしいものであった。

我々が泊まっていた宿舎は海岸からほど近い所にあって、夜は海岸に打ち寄せるさざ波のかすかな音以外には物音が聞こえず、バンカ島の夜は静かに更けていった。

二泊三日の会議が終了してバンカ島を出る時、私はもう一度必ずここへ来ると心に誓ったがその後残念ながらこの島を訪れることはなかった。

それにしてもバンカ島は人にあまり知られていない、自然が豊かな南海に浮かぶ孤島である。訪れる人も少なく、保養地の穴場であると思った。機会があれば是非もう一度行ってみたいと思う島である。椰子の木々が立ち並ぶ、あの雄大な美しい夕方の海岸をもう一度歩いてみたいと思うのである。

会社の寮

一九九〇―一九九五年（平成二―七年）、私はジャカルタ南部のチラチャス（Ciracas）という町にある会社の独身寮に住んでいた。チラチャスはジャカルタから南方向、車で一時間ほどの所にある田舎町である。この地域は旧ボゴール街道沿いにあって「パッサル」と呼ばれる市場があり、多くの一般庶民が住んでいた。

会社の寮から見るチラチャスの風景

高速道路ができるまでは、ボゴールやバンドンへ行くのにこの旧ボゴール街道を通らねばならなかった。いわば高速道路完成以前は、ここチラチャスはボゴールやバンドンへ行く通過地点であった。

チラチャスは南国特有ののんびりした、のどかなムードに包まれた庶民の住む下町であった。以前から私はジャカルタの高級住宅街に住むよりは、こういった庶民の多く住む下町に一度は住んでみたいと強く望んでいた。それが今回実現したのである。

私はこの寮の二階に住んでいた。二階の部屋からは、道行く下町の人々の姿や表情が手に取るように見えた。休日で特になにもすることのない暇な時には、部屋の前のテラスに出て、道行く現地の人々の姿や表情を興味をもって眺めていた。私は妙な趣味をもっているのだろうか、一日中このような光景を眺めていても決して退屈することはなかった。

人々の服装はそれこそ色とりどりで、バティック

（ジャワ更紗）の服を着ている人もあればムスリム（イスラム教徒）であろうか白いスカーフを頭から被《かぶ》っている女性、小さな赤ちゃんを前に抱いている主婦、また家族連れだろうか近くの市場に買い物に行く親子など、いわば下町の庶民の服装と人々の表情をつぶさに見ることができた。

私はこういった光景を見るのが楽しみであった。下町の人々の表情には、南国特有の大らかな、のんびりしたとても明るいムードがあった。

彼らは決して上流階級の金持ちの人たちではなく、生活費を切り詰め、その日その日を一生懸命生きている人たちであった。それでも不思議とどの人の顔を見ても、明るく幸せそうで笑顔に満ちていた。インドネシアは昔からゴトン・ロヨン（Gotong Royong＝相互扶助）の精神が人々の間に根付いていて、困った時には互いに助け合うという風潮があった。こういった互いに助け合うゴトン・ロヨンの精神が人々をいつも明るく楽観的にさせ、「なるようになるさ」という考えにさせるのであろうか、人々の表情はとても明るく幸せそうであった。

ここチラチャスに住む一般庶民は人間の幸せはその人の心の持ち方でどのようにでもなるというお手本を示すような人々であった。

私はおよそ五年間チラチャスという下町に住んで、インドネシアの庶民の様子を垣間見るという思ってもみない貴重な体験ができた。このことはジャカルタの富裕層の人々の住む高級住宅街では決して得られない経験であり、インドネシアの庶民生活のことを知る上でも大変よい勉強になった。私がここチラチャスで学んだことは、人の幸せはたとえ充分なお金がなくても心の持ち方でどうにでもなるということであった。

これまで私はジャカルタでは高級住宅街に住んで来たが、今回は一般庶民が住む下町に五年間もの長きにわたって住むことで、互いに助け合うという「ゴトン・ロヨン」の精神が貧しい庶民の間に浸透していることを目の当たりにした。これは私にとっては願ってもも出来ないラッキーなことであったと思っている。

寮のメイドさん

独身寮は多い時には七人の日本人がいた。私と同期のトーメン出身の横井さん以外はすべて技術者の人たちであった。これらの技術者たちは殆どが繊維産業の盛んな北陸出身の人たちであった。寮には日本人七人に対し三人のメイドさんが働いていた。一人は料理担当、あとの二人は洗濯と掃除担当であった。三人のメイドさんはすべて中部ジャワの貧困な農村出身者で、三人共二十代の若い女性であった。

また三人共性格は温厚で仕事も真面目であった。そしてメイドさんにありがちな物を盗ったり、嘘をついたりすることはなかった。過去幾度となくメイドさんには苦い目に遭わされた私にとっては、この三人のメイドさんは貴重で且つ有難い存在であった。

この三人の中でも料理担当のスティナという名のメイドさんは美人ではないが、思いやりがあって、日本料理もそこそこ上手であった。特に彼女が作るお粥は熱いめの、少し柔らかめのそれでいて米粒がまだ形で残っている硬さであった。彼女は日本人がお粥を食べる時、好んで梅干とか塩昆布を入れて食べることを知っており、塩を控え目にして少し薄味のお粥を作ってくれた。また彼女は日本人が熱いお粥を口でふうふうしながら食べることもよく知っており、いつも少し熱いめの日本人好みのお粥を出してくれた。それも毎回きちんと測られたような一定の熱さであった。

暑い気候のせいだろうか、インドネシア人は熱い食べ物を嫌う傾向がある。彼らはぬるめの物を食べる習慣がある。メイドさんによっては我々日本人に冷めた味噌汁やスープを平気で出してくることがあった。こちらから何も言わなければ、それがごく普通なのである。

ところがここのメイドさんは日本人の好みをよく知っていて、ご飯、スープ、味噌汁、そしてお粥と、すべて適度に熱いものを出してくれた。彼女は気配りのできる頭の良い、料理感覚の鋭いメイドさんで、我々日本人にとっては大変有難い存在であった。

聞いたところでは、彼女は以前日本人の奥さんのいる家庭でメイドとして働いたことがあって、その時日本料理を習ったようだ。味付けはその時憶えたのだろう。彼女の味付けは我々日本人好みのもので、とてもよくできていた。

ただこういうメイドさんでも、ある時私にふと漏らした言葉があった。それは、日本人の奥さんとの「女同士の葛藤」のことであった。無論コミュニケーションの行き違いはあっただろうが、彼女の話を聞いているると世間でよく言われる「嫁・姑の関係」に近いものであった。多分彼女はその日本人の奥さんから注意されたり、叱られたりしたのであろう。その時の辛かったことを彼女は私に聞いてほしかったのだろうか、喉に詰まったものを吐き出すかのように一挙に喋り出すのであった。結局彼女はその日本人の奥さんの家庭では、あまり長続きせず一年ほどで辞めたようである。そして今のこの日本人寮は「男性ばかりで、誰一人として細かいことや文句を言う人がいないのでやりやすい」と付け加えて言った彼女の言葉がなぜか心に残った。どこの国においても、ちょっとした女同士の葛藤があるのかと思ったものである。

片や男性は料理を含めて家事のことに対しそれほど細かいことや文句を言わないのは、むしろ無頓着なのではなかろうか。彼女の発言で私はあらためて男と女の考え方や物の見方の違いというものを感じさせられた。

ところである時期、私は血圧が高くなって頭がふらふらしたことがあった。そこで彼女に毎朝野菜ジュースを特別に作ってほしいと依頼したことがあった。その時彼女は何一つ文句を言わず、嫌な顔一つせず黙って気さくに協力してくれた。

インドネシアという熱帯の地で、頭がふらつく原因不明の病気で苦しんでいた私は、彼女の快く引き受けてくれた親切心に対し、ただ頭が下がる思いであった。勿論私は彼女に対し個人的に別途手当てを出したことは言うまでもない。お陰で私の病状は半年後に回復した。インドネシアにもこのような心のやさしい、気配りのできる賢明なメイドさんがいたのだとあらためて見直す思いであった。それまで私はインドネシアのメイドさんには嘘をつかれたり、物を盗られたり苦い経験ばかりしてきたので、こんなに優しいメイドさんがインドネシアにいたのかと思いただただ感謝するのみであった。私はその時の彼女の親切心に対して生涯忘れることはない。

真面目な運転手

一九九〇―九五年、私が使っていた運転手にブディマンという男性がいた。彼は三十歳前後の真面目で無口な運転手であった。そして彼は敬虔なイスラム教徒でもあった。

私の経験ではインドネシアで喋り好きな運転手にはろくな者がいなかった。運転手が車中で喋りかけると、決まって「お金を貸してくれ」という借金の話であった。だから車中では必要なこと以外はこちらから喋らないようにしていた。インドネシアでは不思議とお金を貸してくれと言う人が多い。それも身の丈以上の金額であった。自分の収入の額を考えずに借りたがるのである。いわば沢山借りると借り得という考え方なのだろう。金利の高いインドネシア社会では無利子で沢山借りるとその分得をするという考え方なのだろうか。日本人の私にはよく理解できなかった。

しかし運転手ブディマンはこの五年間一度もお金を貸してくれと言ったことはなかった。インドネシアでは珍しい運転手であった。大概の運転手はお金に困り、前借を求めるのである。特に給料日前はそうであった。そしてもしお金を貸さないと荒い無謀な運転でもされると困るので、大方の日本人は仕方なしに運転手にお金を貸すのである。殊に家族帯同の場合、妻や子供たちが急用で運転手に無理を言って車を使うことがある。その時のためにも運転手の借金は大目に認めねばならない事情があった。しかし私は今回極めて良い運転手に恵まれたのである。

運転手ブディマンはイスラム教の年に一度の行事である断食月に、自分を律して断食の行を厳しく励行していた。断食の一ヶ月間は、日の出から日の入りまでの日中は一切の飲み食いはしないのである。

断食中のある日の夕方のこと、私は仕事が終わって帰宅する途中、彼の運転する車でジャカルタ市内の高速道路を走っていた。丁度その時車内のラジオがその日の断食の終了（日の入り）を告げるコーランの祈りの声を流していた。毎日その日の断食終了はコーランの声が流れることで知らされる。すると途端に運転手は車のスピードを落として「ボレカ・ミヌム・アイル（Bolehkah minum air?）（水を飲んでいいですか）」と私に聞いてきた。彼はその日の断食終了を告げるコーランの祈りの声と共にきっちりと時間通り断食を終了し水を飲もうとしていたのである。

私は彼が日中一滴の水も飲んでいないことを知っていたので、即座に「ボレ（Boleh）（いいですよ）」と返事をした。すると彼は高速道路上の端に車を停めて、家から持参してきたボトルの水をやおら一口飲んだのである。普通なら高速道路を出たところで飲むが、彼はたとえ高速道路を走行中であってもコーランの声が流れたとほぼ同時に車を急停車させ、断食を解除しようとしたのである。私はこれには全く驚いた。なんと生真面目なきっちりした男なのだろうかと。

私はこの生真面目な彼の態度を見て、彼こそが本当に敬虔なイスラム教徒なのだろうと思った。インドネシアでこれほど真面目なイスラム教徒の運転手をこれまで私は見たことがなかった。ある運転手などは表向き断食をしているように見せかけ、裏に回れば適当に飲み食いをしたり、最初から「断食はしない」と宣言する運転手もいた。そうかと思えば断食月は駐車場で寝てばかりいる運転手もいた。

しかしたとえ運転手が断食の行を励行していなくても、私は敢えてその理由を聞いたり咎めたりはしなかった。異教徒の私が彼らに干渉がましいことをする必要はないしその資格もなかった。インドネシアで暮

クラマット・ジャティのスーパー

らす我々異教徒はそれで良いのである。

下町での買い物と食事

一九九〇—九五年、私はチラチャスというジャカルタ南部の田舎町の会社の寮に住んでいたが、休日で暇な時にはこの北隣のクラマット・ジャティ（Kramat-Jati）という庶民が多く住む下町で買い物をしたり食事をすることがあった。

休日でこれといった用事のない時は車を使わないので運転手を休ませることにしていた。こういった日に私は昼前一人でぶらっと会社の寮を出て炎天下の道を少し歩き、ほどよい所で町の小さな乗合バスに飛び乗り、北隣のクラマット・ジャティへ行った。

町を走るミニ・バスはそれこそドアや窓が壊れたおんぼろ車で、行く先を表示する方向幕は一切なく、ただあるのは番号だけで、その番号がどこ行きかを知らないと乗れなかった。またバスの停留所といったものはなく、道端で手を挙げると乗せてくれるし、降りる時も車掌に言えばどこでも降ろしてくれた。非常に便利と言えば便利だが、その反面路上で急停車をしたり、乗客の乗り降りがあったりで、交通上非常に危険なことでもあった。それでもバスの運転手や乗客たちはこういったことには全くお構いなしで、平然と行動していた。

そしてミニ・バスの中に入って座席に座ると、それこそ私の膝と向かい側に座る客の膝とがぶつかり合い、その乗客の顔と私の顔の間が一mもあるかないかの距離で、七、八人の乗客が乗るとたちまち満員の状態になる、そういうバスであった。しかしそれほどおんぼろで窮屈なミニ・バスでも乗客は黙って平気な顔で乗っていた。

ところでクラマット・ジャティは底辺層の一般庶民が住む下町で、大通りから一歩中の路地裏に入るとそれこそ家が密集し、道は舗装していないために埃《ほこり》っぽく、下水道は整備されていないために悪臭が漂い、さらにバイクや自転車が行き交い、人また人の往来で混み合い、将に雑踏の下町であった。我々外国人は慣れていないと路地裏へはとても入り込めない、そういう地域であった。

そしてここクラマット・ジャティの大通りに面した一等地に「マタハリ」（MATAHARI＝太陽）という名の中堅規模のスーパー・マーケットがあった。ここでは食料品、衣料品、雑貨品などが揃っていて、私は必要な時はいつもこのスーパーで買い物をすることにしていた。スーパーの中には中華料理店、インドネシア料理店、ファースト・フード店などがあった。無論これらの店は下町クラマット・ジャティに住む庶民が利用するレストランで、値段はかなり安いが中は決してきれいとは言えなかった。いわば下町の大衆レストランであった。

私は買い物が終わって、簡単な昼食をこのスーパーの中の「ナガ」（NAGA＝龍）という名の中華レストランで食べることにしていた。そして隣のテーブルで食べている家族などの弾む会話にこっそり耳を傾けながら、インドネシアの冷えたビンタン・ビールを飲み、そこそこ美味しい中華料理をつまむのが私のここでの楽しみであった。ただこういう下町のレストランには日本人は殆ど来ることはなく、私自身この五年間一度も日本人の姿を見ることはなかった。

日頃の忙しい仕事から離れて、暇な休日などにクラマット・ジャティのような底辺層の人々が集まる下町にぶらっとやって来て、下町の人々の姿や表情を見ていると何故か日頃溜めているストレスが消えて行くのを感ずるのであった。私は好奇心が旺盛なのか大都会ジャカルタの裏に隠された下町の路地裏の光景を見ることに大変興味があった。

私は五年間を通してクラマット・ジャティという下町で買い物や食事などをして、一般庶民の中に混じって時間を過ごすという貴重な価値ある体験をすることができたのである。こういった体験は私がインドネシア系企業に勤務し庶民の集まる下町の真っ直中《ま ただなか》に住んでいたからこそできたものである。日系企業なら殆どの人が高級住宅街に住むことからこのような経験は決してできないことであった。

従業員のストに出会う

一九九六年（平成八年）九月、私は西部ジャワのチビトゥン（Cibitung）の工業団地内に工場を持つ日系のショープラ（昭和プラスチック）社に勤務していた。チビトゥンはジャカルタから東方向、車で四十五分ほどの所にあるが、ショープラ社は金型《かながた》でプラスチックを加工するメーカーで工場には約五百名の従業員がいた。私はこの会社で総務部長兼人事部長の役職に就いていた。

ところでこの会社で私にとっては忘れられない出来事があった。それは現地従業員による突然の一斉ストライキであった。その日になるまでストライキに関する情報がなく、当日の朝出社して初めて知ったのである。

私はこの時初めてインドネシアで現地従業員によるストライキに遭遇したのである。この二十年間のインドネシア勤務で、今回のストライキは最初にして最後のものであった。

しかも私が総務部兼人事部の責任者であったことから、ストライキは直接私の仕事に振りかかるもので、私は会社を代表して解決に当たらねばならなかった。

ストライキのあった当日の朝、私はいつも通り出社し工場の事務所に入った。出勤後三十分ほど経っただろうか、事務所の周りが急にあわただしく、騒がしくなったので何があったのかと思っていた。するとその時一人の従業員がストライキ発生のことを私のもとに知らせてきた。しかしその時点でストライキは既に始まっており、手の打ちようもなかった。私は突然のことで驚き、慌《あわ》ててしまっていた。というのは未だかつて私はインドネシアでストライキに出会ったことがなく想定もしていなかったからである。そして突然のストライキにどのように対処してよいのか要領が全く分からなかったので、ただうろたえるばかりであった。

取りあえず私は工場の事務所の前に数百人の従業員を集め、マイク片手にストライキを即時中止するよう、そして会社と話し合うよう、思いつくままのインドネシア語を駆使して説得を試みたのである。

従業員のストライキの理由は毎年一度の賃上げの幅が少ないということであった。インドネシアでは最低労働賃金を定める法律があって、どの企業も最低線は守らねばならなかった。無論ショープラ社はこれをクリアしていたが、その上のランクにある従業員の賃上げの幅が少ないということで、彼らはストで改善を訴えてきたのである。

通常は労使双方が事前に交渉をして、交渉が決裂した場合ストをするなら分かるが、今回はなんの話し合いもなく彼らはいきなりストに打って出たのである。私はこれは何ごとかと思った。さすがにインドネシアらしい順序をわきまえない無謀なやり方をするものだと思った。

結局会社としてはインドネシアの労働省の幹部の人の派遣を求め、ストライキの調停役を依頼したのである。私はインドネシアの労働法や労働省で定められた会社の就業規則等々をある程度知った上で、労働組合と交渉する必要があった。この時初めて国で定められた会社の就業規則を勉強したのである。

そして労働省幹部同席の下、私は従業員の代表と数時間に亘って話し合いを持ち、適切な賃上げをすることを約束して円満に解決したのである。無論私は今回労を取って頂いた労働省幹部の方々には、会社としてそれなりのお礼をしたことは言うまでもない。

それにしても今回の現地従業員によるストライキは、私にとっては初めてのことであり、暫くはショック状態が続き、茫然自失の日々を送った。

当時インドネシア国内では、労働組合の要求が年々激しくなっていた時期だけに、日系の会社ならストライキは充分あり得ることであった。現に近くの「ソニー」の工場では度々ストライキがあると聞いていた。しかしまさか自分の会社に起きるとは思ってもみなかったことである。しかも私が総務・人事の責任者であっただけに大きなショックを受けた。私にとっては、今回のストライキは終生忘れられない苦い思い出の一つとなった。

インドネシアは年々労働組合が活発になり、組合の要求も強くなっている。労働組合などなかった時代は既に過ぎ去り、インドネシアは今や大きく様変わりしている。企業の数も増えており、労働人口も飛躍的に伸びているので、インドネシアの労働組合は今後益々活発化するものと思われる。

尚この時期、私はジャカルタから東方向車で約四十分のブカシ（Bekasi）という町にある社宅に住んでいたが、同じ団地内に蝶理出身の福井さんが住んでいた。私は暇な時には歩いて一分のところの同氏宅を訪ねてはウィスキーの水割りをご馳走になりながら昔話に花を咲かせ、日頃溜めているストレスを解消するのであった。インドネシアに勤務中同氏には色々とアドバイスを頂いたことは有難いことであった。また学校の同期生で旭化成の松尾さんにも仕事のことでアドバイスを頂き友人の有難さを感じたものである。

最後のメイドさん

一九九八―九九年、日系企業のサンコール・インドネシア社に勤務中のこと、色は浅黒いが身は細っそりとして、やや長身の可愛いメイドさんがいた。彼女は中部ジャワ北部のブルーベス（Brebes）という町に近

メイドさん出身のジャワ農村の光景

い農村出身、年齢は二十歳くらいで名前はフィトゥリと言った。そして彼女は私にとってはインドネシアにおける最後のメイドさんとなった。

サンコール社はパソコンのプリンターの部品（ローラー）をインドネシアで製造するため新工場「サンコール・インドネシア」を建設することになった。「サンコール・インドネシア」の取締役となった私の任務は工場を立ち上げることと現地人を採用し工場の経営をスタートさせることであった。

ところで驚いたことに、ある日メイドさんのお父さんがジャワの田舎から出て来て、私に是非挨拶をしたいということで突然私の社宅に来たのである。メイドさんの父親が雇い主である私の所へ挨拶に来るなんて考えてもみなかったことである。なにか私に頼みごとでもあるのだろうか、ひょっとしてお金でも貸しくれということだろうか、あれこれと考えてみたが、取りあえず私は遠来の客を応接間に通して丁重に応対した。

どの親もそうだが、自分の可愛い娘がどういう場所で働き、どういう主人に仕えているのだろうか、楽しく仕事をしているのだろうかと心配するものだ。その例に漏れず、この父親も心配していたのであろう。それにしても中部ジャワの田舎から高い交通費を払い、夜行バスに乗って都会へ出てくるのは、彼らにとっては大変なことである。

結局メイドさんの父親と色々話をしたが、特別これといった用件や依頼ごともなく世間話に終始した。父親はインドネシアには珍しい律儀な人で、たとえ高い交通費を払ってでも主人である私に一目会って、きちんと挨拶をしておかねば気の済まない人だったのだろう。わざわざ遠い所から出て来る場合、用件としてはお金を貸してくれというのが結構多いのだが、そういう人では決してなかった。それにしても娘がメイドとして働いている先に父親がきちんと挨拶に訪れるなど、インドネシアの人々に余裕ができたのか随分インドネシアも変わったものだと思った。

ところが娘にやさしいこの父親はその後中部ジャワの田舎の自宅で脳梗塞で倒れたとの知らせが入って来た。直ちに私はメイドさんに許可を与えて郷里へ帰らせた。無論その時私はお見舞いとして金一封をメイドさんに持たせた。その後父親の病状は膠着状態であったため一旦彼女は私の社宅へ戻って来た。

しかしながら数日を経て、「父親死す」の報が入り、彼女は葬式に出席すべく、悲しみの内に帰郷した。その時私は彼女には香典を持って帰らせた。あっという間の出来事だった。享年六十歳と聞いた。

医療設備も充分整っていない中部ジャワの田舎で、一旦重い病気になると死に繋がるのは致し方ないことだが、それにしても先日会ったばかりの、あの娘に優しい父親がこんなに早くあの世へ行くなんて、それも私と年齢はあまり違わないではないかと思い、暫くの間私はショックであった。

それにしてもインドネシアにおいて「人生の儚《はかな》さ」をこれほど身近に感じたのは、初めてであった。永い間インドネシアに滞在していると色々な出来事に遭遇するものだと思ったものである。

還暦はインドネシアで

人生の節目である還暦をインドネシアで迎えるとは、それまで考えてもみなかったことである。一九九八年（平成十年）二月のこと、還暦を迎えた私は以前ジャカルタのトリメックス社で共に仕事をしていた親友の横井さんに電話を掛けて昼食を誘った。同氏の快諾を得てジャカルタの独立記念塔にほど近いミレニアム・ホテルの二階にある日本料理屋「松」で食事をすることになった。私は彼にはこの日が私の還暦であることを特別伝えなかった。というのは彼に気を遣わせないようにと思ったからである。

私は還暦を家族と共に迎えたのではなく、ジャカルタに勤務する昔の同僚と食事をすることで、しかも南国インドネシアで迎えたのである。このことは実に予想もしなかったことである。

若さ溢れる二十八歳の時に初めてインドネシアに来て、還暦をインドネシアで迎えるほど私はインドネシアにどっぷり浸かって仕事をしてきたことになる。

還暦の当日、食事が終わって二人はホテルの静かなロビーに出て温かいコーヒーを飲みながら歓談した。家族から遠く離れた異国の地にいて、人生の節目である還暦の日にお付き合いを頂き心から話し合える友人があることは心強いことであり、大変有難いことであると思った。

還暦をインドネシアで迎えた私は、昔京都の実家で今は亡き父が還暦を迎えた時、兄弟姉妹が寄り集まって父に赤い帽子をプレゼントし、お祝いしたことを思い出していた。今は人生八十年、還暦祝いはそれほど重く受け止められなくなったようで、時代の変化を感ずるのである。尚、還暦当日に食事をしたミレニアム・ホテルの日本料理屋「松」の日付け入りの領収書を、私は今も記念として自宅で大切に保管している。

二十一世紀は日本で

私はかねがねインドネシア勤務をどの時点で終了するかを考えていたが、実際にこのことを真剣に考え始めたのは二十世紀末近くなってからであった。そして二十一世紀はやはり日本で過ごしたいと強く希望するようになっていた。年中暑いインドネシア勤務は私の体力の衰えに拍車を掛け、毎日が負担に感じ始めた頃であった。

人は不思議なものでそのように考え始めると、そのような方向に自然に向かうものである。結局、最後の勤務先である日系のサンコール・インドネシア社の新工場の立ち上げが終わり、一九九九年七月七日に私の通算二十年に及ぶインドネシア勤務が終了したのである。私はこの時点で今までのインドネシア勤務に対して全く悔いるところがなく満足感で一杯だった。むしろよくやってきたと自画自賛する思いであった。

七月七日の夜、スカルノ・ハッタ国際空港の入り口を入って荷物検査が終わり、時計を見ると丁度時計の針は午後七時を示していた。

私のインドネシア勤務の終了時点が「七月七日七時」とするなら、ラッキーを表わす「7」が三つ続いて「777」となり、非常に憶えやすい数字であって、しかも二十世紀末の「777」なのだと独り満足気に空港の待合室で考えていた。

また偶然にもインドネシアを去るこの日は、中国の伝説にある、天の川で牽牛星《けんぎゅうせい》（彦星）と織女星《しょくじょせい》（織姫）が相会うという七夕の日でもあった。私にとって二十世紀末の七夕の日がインドネシア勤務の終了という思い出深い記念すべき日となったのである。

一九九九年（平成十一年）七月八日早朝、私の乗った飛行機は関西国際空港にゆっくりと滑り込んだ。この瞬間私は「永い間のインドネシア勤務、ご苦労さん」と独り自分に言い聞かせていた。やっとこれから日本でゆっくり暮らせるのだという思いが心の中で渦巻き、その上二十年間のインドネシア勤務が終了したという思いもあって私は感慨ひとしおであった。

考えてみれば、この通算二十年に亘るインドネシア勤務は永かったようで、短くもあった。二十年はあっという間に過ぎた感があった。それだけ私はインドネシアで何事においても熱中し、没頭し、そして楽しく過ごしてきたのだと思う。人は誰でも自分に合った仕事、自分の好きな事をしていれば、時間が過ぎるのも忘れてしまう。それこそが最高の幸せではないだろうか。生き甲斐のある仕事や好きな事は当然人によって違うのだが、仏教語に「三界唯一心《さんかいただいっしん》」とあるように、人の幸せはその人の心によって決まるのではないだろうか。

仕事の面で言うなら、私はインドネシアで勤務している時が「最高の幸せ」と感じていたようだ。そして二十世紀の末に私のインドネシア勤務が終了し、希望通り二十一世紀になってやっと日本で暮らすことができるようになったのである。

第五章　「インドネシアに勤務して思うこと」

イスラム教国に暮らして

イスラム教国インドネシアに暮らして思うことは、なんといってもイスラム教という宗教のことである。イスラム教はインドネシアの人々の日常生活の中に入り込み、そして完全に溶け込んでいるのである。いうなれば人々の日常生活とイスラム教という宗教が車の両輪の如く回っているのである。

仏教国に生まれ育った私は、インドネシアの人々が毎日熱心に礼拝する姿を目の当たりにして、彼らのひたむきな信仰心に驚かされるのであった。

「イスラム」とは「帰依する・服従する」という意味だというが、インドネシアの敬虔なイスラム教徒たちの姿を見て感心することは、彼らは唯一絶対なる神「アッラー」に帰依し、毎日の「礼拝」によって「アッラー」への不動の信仰心を育んでいることである。

イスラム教では「この世に存在する全てのものの創造と消滅は、アッラーの意志によるものである」としている。従って人間の存在も「アッラー」の意志によるものである。また「アッラー」は「神」を意味するが、この世に「アッラー」以外に神はないと言い切っているように、「アッラー」は唯一絶対的な「神」なのである。

私はインドネシアのテレビをよく見ることがあったが、テレビに流れる字幕に「Tidak Ada Tuhan Selain Dari Allah」（アッラー以外に神はない）という言葉があった。この字幕を見る度に、私はイスラム教のある種の強烈さや激しさというものを感じていた。そして茶の間のテレビを通して、イスラム教の聖職者たちが説教をしたり、聖職者同士が対談をするのが視聴できるのである。仏教国日本ではテレビの宗教番組は皆無に等しい。さすがにイスラム国家インドネシアは実に宗教色の強い国であると思った。

ところで日本人の仏教に対する一般的な考え方は「困った時の神頼み」的な要素が強いようだが、インドネシアのイスラム教徒たちはそうではない。困ると困らないに拘わらず、毎日五回の「礼拝」という「行」を実践しているのである。また時折人々は家の近くにあるモスクに集まって集団礼拝をし、そこで聖職者の説教を聞く。これは日常茶飯事のことなのである。

私はイスラム教国インドネシアに暮らして、人々のひたむきな信仰心にいつも感心させられるものがあった。同時に宗教に無関心な人が多い日本はそれで良いのだろうかと考えさせられることがあった。

イスラム教徒との付き合い方

インドネシアはイスラム教徒が全人口のおよそ八十八%を占めており、世界一のイスラム人口を擁する国である。またインドネシアには宗教の自由というものがあって、他宗教に対して寛容である。因みにキリスト教は全人口の九%、ヒンドゥー教は二%、仏教は一%である。

ところでインドネシアのイスラム教徒との付き合い方といっても特別な秘策がある訳ではないが、我々外国人は先ずイスラム教のことを充分知り、理解し、正しく認識することからスタートするのが良いと思う。

具体的には、彼らの宗教上の「行《ぎょう》」や「祭礼」、そして「コーラン」の日常生活に関連する部分のことを知り、理解しておくことである。従ってこの三つのことについて日常生活に結び付く最低限度の常識的なことを以下述べてみたいと思う。但し私は宗教の専門家でもないので内容に曖昧な点や誤りがあるかも知れないが、それはご容赦願いたい。

イスラム教の「行《ぎょう》」のこと

イスラム教の宗教的実践としての「行」には、五つの「行」がある。これを「五行《ごぎょう》」と呼んでいる。「五行」とは①信仰告白、②礼拝、③断食、④喜捨《きしゃ》（寄進）、⑤巡礼《じゅんれい》、の五つである。「五行」はいずれもムスリム（イスラム教徒）が果たすべき義務であるが、この中でも特に「礼拝」と「断食」のことは、インドネシアで勤務する我々日本人が直面することであり、少なくともこの二つの「行」のことをよく知り理解しておく必要があろう。「巡礼」のこともインドネシアでよく聞く話で、ある程度のことを知っておくと良い。

＊ **「礼拝」**：「礼拝」は神「アッラー」への服従と感謝の心を表わす「行」で、ムスリムは一日に五回の「礼拝」が義務とされている。但し病気や旅行中は三回でもよいとされる。そこで一日に五回の「礼拝」とは、夜明け（日の出前）、正午、午後、日没、そして夜半である。「礼拝」をすることによって、イスラム教徒たちは「アッラー」への不動の信仰心を育むのである。

＊ **「断食」**：「断食」はイスラム暦の第九月の三十日間、日の出から日没まで、一切の飲食を断つ「行」である。通常「Ramadan（ラマダン）」というが、インドネシアでは「Puasa（プアサ）」と呼んでいる。「断食」月は、三百五十四日を一年とするイスラム暦即ち太陰暦を基準とするため、我々の太

陽暦と比較すると毎年十一日ほど繰り上げられる。

尚イスラム暦について触れておくと、預言者モハンマド（マホメット）がメッカからメディナへのヘジラ（聖遷）を基点として、西暦六二二年七月十六日を紀元始めとし、暦は三十日と二十九日からなる月を交互に十二組合せて、三百五十四日を一年としている。具体的には奇数月（一・三・五・七・九・十一月）は三十日、偶数月（二・四・六・八・十・十二月）は二十九日とする。

＊「巡礼」：「巡礼」は「ハジ」と呼ばれ、イスラム暦第十二月の八日から十日にかけて、メッカ（サウジ・アラビア）のカアバ神殿にお参りする「行」である。「巡礼」には決まったコースと形式がある。世界各地から集まった巡礼の集団は縫い目のない白い布をまとってメッカに入る。それ以後「巡礼」が終わるまで、散髪、髭剃り、爪切りは禁止される。そしてカアバ神殿では時計回りと逆の方向で七回廻る。

インドネシアのイスラム教徒たちにとっては、遥か遠いメッカへの「巡礼」は死ぬまでに一度はしてみたい最大の「行」である。そして「巡礼」後は「ハジ」という称号が与えられる。そしてこの称号は非常に名誉なことであり、これがあれば箔《はく》が付くのである。

以上「礼拝」「断食」「巡礼」のことについて簡単に触れたが、インドネシアに滞在中私が最も身近に感じたものはやはりなんといっても「礼拝」のことであった。

「礼拝」について、私はインドネシアの工場で勤務することが度々あったが、工場の従業員にとって最も大切なのは金曜日の正午の「礼拝」であった。

メーカーの場合、工場敷地内にモスクがあれば従業員は三々五々各自が適時礼拝できるが、モスクが工場内になければ近くのモスクに行くことになる。歩いて行ける距離にあるなら問題はないが、もしそうでないないなら会社としてモスクへの送迎用バスを出す必要がある。これは会社によってそれぞれ事情は違うが、工場の従業員に対しそれなりの配慮が必要であった。

また「礼拝」で印象に残ることは、ジャカルタの現地人用の三流ホテルや地方のホテルに行くと部屋の天井に「Kiblat（キブラット）」と書いて、矢印が記されていることである。これはイスラムの聖地メッカの方向を示す矢印で、宿泊者が部屋でいつでも「礼拝」ができるよう親切に案内しているのである。ホテルの部屋にまで「礼拝」のための配慮がなされていることに、さすがはイスラム教国だと感心したものである。

「断食」について、我々日本人からみれば、炎天下の中で大変な「行」だが、イスラム教徒たちにとっては当然なすべき毎年の神聖な「行」なのである。私は断食中の人々に気遣って「大変でしょう」と声を掛けると、彼らの答えは「毎年の行なので、すっかり慣れている。平気です」といつも決まってこのように返ってきた。

しかし実際のところ「断食」も後半になると、一部の人に睡眠不足や疲れが出てきて元気がなくなり、動作もそれだけ鈍くなる。そして仕事の効率が落ちる、仕事上のミスも出てくる。これは人間であれば、当然至極のことである。「断食」中のこういったことは止むを得ないことで、インドネシアで働く我々日本人はある程度理解する必要があった。

いずれにせよインドネシアのイスラム教徒たちは「断食」という「行」をイスラムの教えに従って年に一度忠実にそして粛々と実践するのである。

最後に「巡礼」について、私の仕事には直接関係するものではなかったが、「巡礼」の時期になるとジャカルタ市内の一部が交通渋滞になり、国際空港が人で混雑することがあった。またジャカルタ市内の二流・三流のホテルが地方から来る人々で満室になることがあった。我々外国人はこの程度のことを知っておけばよいと思う。

イスラムの「二大祭礼」のこと

イスラム社会では一年に二度の大祭礼がある。それは「イドゥル・フイトゥリ（Idul Fitri）」と呼ばれる「イスラム正月」と「イドゥル・アドゥハ（Idul Adha）」といわれる「犠牲祭」である。イスラム教徒と付き合うためにも、この二大祭礼を知っておくことである。

＊　**「イスラム正月」（Idul Fitri）**：「イスラム正月」はインドネシアでは「レバラン（Lebaran）」と呼んでいるが、イスラム暦第九月の三十日間の「断食」が終わった第十月の第一日に行われる「祭礼」である。いわば「断食」が明けたあとに、楽しい「イスラム正月」がやって来るのである。「イスラム正月」ともなれば、イスラム教徒たちは喜びに満ち溢れ、新調の晴れ着姿で会う人ごとに「おめでとう」と挨拶を交わすのである。各家庭ではご馳走が用意され、「イスラム正月」を迎えるの

である。

そして街の広場には朝から人々が集まり、メッカに向かって一斉に「礼拝」を捧げるのである。この「イスラム正月」の「礼拝」は日の出から正午の間に行われるのが普通である。日本の正月の初詣のようなものであろうか、人々が次から次へと集まり、集団礼拝をするのである。

私は「イスラム正月」の日に西部ジャワのスカブミの町へ行ったことがあり、その時偶然にも朝の「集団礼拝」に遭遇したことがあった。広場には二百人程の人が集まっていただろうか、メッカに向かって一斉に「礼拝」をする光景を目の当たりにして、彼らの「アッラー」の「神」への不動の信仰心を表わすひたむきな姿には心打たれるものがあった。そして二百人もの人々がメッカに向かって一斉に行う「集団礼拝」には一種不気味ともいえるほどの迫力を感じたものである。

＊

「犠牲祭」（Idul Adha）：「犠牲祭」はイスラム暦第十二月の十日に行われるものである。これは金持ちのイスラム教信者が羊とか牛を「犠牲」として捧げ、その肉は一般の人々に「施し」として差し上げるのである。

インドネシアでは「犠牲祭」が近くなると、羊が街の路上につながれ、買い手を待つのである。逆に路上に羊が売りに出される頃になると、ああ間もなく「犠牲祭」なのだと気が付くのである。そしてこの時期私は路上の羊を見ると、「ああ間もなく羊たちが犠牲になるのだ」と思い、なんだか可哀想になることがあった。「犠牲祭」の当日になると、モスクの広場に大勢の人々が集まり、羊や牛が犠牲になるところを見て、そのあと人々は肉の「施し」を受けるのである。

私はある時期モスクの広場の真横に下宿していたことがあったが、「犠牲祭」の当日になると、この広場が朝から大勢の人々で賑わっていた。そして寮のメイドさんが肉の「施し」を受けたのか、喜んで私に告げに来たことを思い出す。ところで私はそれほど近い所にいても、いざとなると羊や牛が犠牲になるシーンを見たくなかったのか、足がその方向に向かわなかったことを憶えている。私はやはり動物が犠牲になる姿を見るのが嫌だったのだろう。その点インドネシアの人々は「犠牲祭」という宗教上の「祭礼」と考えているのだろう、男女とも案外平気なのである。いずれにしても「犠牲祭」は「イスラム正月」に次ぐ「大祭礼」なのである。

「コーラン」のこと

「コーラン」はアラビア語で書かれたイスラム教の聖典である。「コーラン」の本来の意味は「読誦されるもの」である。即ち記憶した者が周囲の人々に声を出して朗誦するものであるという。

インドネシアに滞在し、イスラム教徒と付き合う場合、ある程度「コーラン」のこと、特に日常生活に関連する内容のことを知っておくと良い。我々外国人が知りたいことは宗教上の教義よりもむしろ日常生活に関連する「コーラン」の中の「規範」のことである。

そこで我々外国人がインドネシアでよく話題にする宗教上の「規範」として、以下「食生活」「酒類」「一夫多妻制」のことを簡潔に触れておきたい。

＊**「食生活」**：イスラム教は「豚肉」を食べることを禁じている宗教であることは殆どの人が知っている。しかし食べることを禁じているのは決して「豚肉」だけではなく「死肉、血、アッラー以外の名が唱えられたもの」を禁じている。「アッラー以外の名が唱えられたもの」とは「アッラーの名において屠殺せず、アッラー以外のものの名において屠殺された動物」の意味である。通常イスラム教徒たちは動物を屠殺する場合、「慈悲深く慈愛あまねきアッラーの御名《おんな》において」頚動脈《けいどうみゃく》を切って屠殺することを掟《おきて》としているのである。

さらにコーランの別の章では「死獣の肉、絞め殺した動物、撲殺した動物、墜落死した動物、突き殺された動物」を食べることを禁じているのである。尚「コーラン」は「海で取れるものを食べることは差し支えない」としている。また川や湖沼の魚も差し支えないと考えられている。

＊**「酒類」**：「コーラン」は「酔わせるもの」を取ることを禁じている。「酒類」だけでなく阿片や大麻なども含まれると考えられる。「タバコ」も「酔わせるもの」の一種として好ましくないものと考えられている。そして「禁酒」の理由は「酒を飲むと神を忘れ、礼拝を怠る」からだとしている。

＊**「一夫多妻主義」**：「コーラン」には「孤児にとてもよくしてやれそうもないと思ったなら、誰か気に入った女を娶《めと》るがよい。二人なり、三人なり、四人なり。だがもし公平にできないようならば一人だけにしておきなさい」と記されている。従って「コーラン」は条件付の「一夫多妻制」をいっているのである。

「コーラン」のできた当時、戦争などで多数の男性が死んでいったことから、その男性たちが残していった未亡人や孤児たちを養わねばならないという極めて深刻な社会事情があった。そこで「コーラン」は孤児を持つ未亡人を四人まで娶ってよいと啓示したものである。しかしもし妻を公平に取り扱うことができないなら、一人に越したことはないという但し書きが付いている。また預言者モハンマドの真意は一夫一婦制にあったと考える向きが多い。

日本人男性の中に「インドネシアでは奥さんを四人まで持てるなんていいなあ」という人がいたが、以上のことを考えてもそういったことには誤解があるようだ。

インドネシアの祝日

祝日は毎年半ば頃に翌年の祝日を宗教省から発表されるが、毎年日付けが変わらないのは、「一月一日、新年」「八月十七日、独立記念日」「十二月二十五日、クリスマス」である。そこでインドネシアではどういう祝日があるかを具体例で示しておきたい。次の祝日は私のインドネシア勤務最後の年、一九九九年の祝日である。これからも分かる通り、インドネシアはイスラム教以外の宗教の祝日を設けるなど、他宗教に寛容である。

一月一日「新年」、一月十九・二十日「イスラム正月」、三月十八日「ヒンズー正月」、
三月二十八日「犠牲祭」、四月二日「聖金曜日」、四月十七日「ヒジュラ正月」、
五月十三日「キリスト昇天祭」、五月三十日「ブッダ生誕祭」、

六月二十六日「ムハンマド降誕祭」、八月十七日「独立記念日」、
十一月六日「ムハンマド昇天祭」、十二月二十五日「クリスマス」

スハルト政権と私の勤務のこと

一九六六年（昭和四十一年）に始まり、一九九九年（平成十一年）に終わった私のインドネシア勤務は、わき目も振らず、ただインドネシア一途というものであった。いわば私はインドネシア一筋の人間であった。しかし故意にそのように仕向けてきたのではなく、偶然にもこのような結果になったのである。ただ私の心の中にはインドネシアに対し「納豆の糸の如く切っても切れない思い」が常時あったことは確かであり、この思いが人よりも一層強かったのだろう。そしてこの強い思いが、私をして通算二十年のインドネシア勤務に至らしめたのかも知れない。

また私のインドネシア勤務は、偶然にも一九六八年三月の正式なスハルト政権の誕生から一九九八年五月の崩壊に至るまでの約三十年間の時期とほぼ重なったのである。いわば私は、「開発の父」といわれたスハルト政権下のインドネシアで勤務し、インドネシアの状況を最初から最後までつぶさに観察してきた日本人の一人であった。

インドネシアはスハルト政権時代の積極的な国家建設政策や外資導入政策の下で、大きな発展・繁栄を遂げた。特にジャカルタを中心とする高速道路の建設、スカルノ・ハッタ国際空港の建設、工業団地や高層マンションの建設等々が積極的に推進され、インドネシアは著しい発展を遂げた。これはスハルト大統領の大

きな功績であった。

しかしその反面スハルト大統領一人による三十年というあまりにも長い政権が「汚職」「癒着」「縁故主義」という弊害をもたらした。特にスハルト大統領は息子や娘が華人財閥と組んで推進するビジネスに国家の重要な利権やライセンスを惜しげもなく与えた。その結果スハルト一族は莫大な利益を得ていったのである。

結局「スハルト一族のファミリー企業と財団」という問題が指摘されるところとなり、「スハルト一族の蓄財」が浮き彫りになって、厳しく糾弾される結果になったのである。

スハルト政権時代を振り返ってみると、一九六八年政権がスタートした頃、私の最も印象に残っていることは、ジャカルタの貿易商の事務所へ行くとスハルト大統領の額縁入り肖像写真が大きく掲げられていることであった。大統領の写真がない事務所は皆無といってもよいほどであった。そしてその横に並ぶ副大統領の写真の人物が一定期間をおいて次々と変わっていった。大統領だけがいつまでも同一人物だったのである。

次に印象に残ったことは、毎年八月十七日に行われる独立記念日の式典に臨むスハルト大統領の自信に満ち溢れた姿であった。テレビに映し出される大統領の姿はそれこそ国のトップとしての威厳があって、将に栄華の頂点にある人という印象を受けた。

そしてその横にはいつもぴったりと影のように寄り添うティエン夫人の姿があった。いかにもスハルト政権の全盛時代という感があった。

しかしながら一九九八年、ジャカルタで反スハルトの大きな暴動事件が発生し、軍隊が発砲したことで学生に死者が出た。そして一九九八年（平成十年）五月二十日、あれほどの権勢を誇ったスハルト政権が一瞬にして崩壊したのである。

当時私はインドネシア国内にいて、連日テレビに刻々と流されるニュースをじっと見守っていた。一人の大統領による三十年という長期政権があっという間に、雪崩《なだれ》のように崩れ落ちる様子が私の目の前にあった。その時テレビに映し出される映像に私はなにか哀れな、儚《はかな》い、淋しいものを感じていた。

そしてスハルト政権崩壊のシーンを目の当たりにして、私が思い出していたのは日本の古典文学『平家物語』のあの有名な巻頭の一句：「祇園精舎《ぎおんしょうじゃ》の鐘の声　諸行無常《しょぎょうむじょう》の響きあり　娑羅双樹《しゃらそうじゅ》の花の色　盛者必衰《しょうじゃひっすい》の理《ことわり》をあらはす　奢《おご》れる人も久しからず　唯《ただ》春の夜の夢のごとし　たけき者も遂にはほろびぬ　偏《ひとえ》に風の前の塵《ちり》に同じ」であった。

しかも私はスハルト政権の全盛時代を永くに亘って見てきただけに、同政権の崩壊するシーンは、「奢れる人も久しからず　唯春の夜の夢のごとし　たけき者も遂にはほろびぬ　偏に風の前の塵に同じ」という一字一句がそのままぴったり当てはまる、将にこの言葉通りのものであった。

私はスハルト政権崩壊のシーンがあの平安時代に権勢を誇った平清盛を中心とする平家一族の滅び行く姿と重ねて見ていたのである。そして平家一門が一の谷、屋島、最後は壇ノ浦に追い込まれ、清盛の妻時子が僅か八歳の幼帝安徳天皇を抱きしめて入水《じゅすい》し、西海の藻屑となって滅び去ってしまったという物語を思い出していた。将にスハルト一族の衰亡が壇ノ浦での平家一門の滅亡のように映ったのである。

スハルト政権崩壊後、暫くの間私はショックな日々を送った。というのは私はこれだけ長期に亘ったスハルト政権が、いつかはソフト・ランディングをして次の政権にスムースに引き継がれて行くことを祈っていたが、結局それは実現されなかったからである。フィリピンのマルコス政権のようにならないことを願っていたのである。それでも私はインドネシアを発展に導いたスハルト大統領の功績が大きいものであったことを忘れることはない。

私は既にインドネシア勤務から引退しているが、インドネシアのことには今も人一倍大きな関心をもっている。新聞やテレビでインドネシアのことが報道されると真っ先に見ている。何故ならインドネシアは今や私にとって第二の故郷だからである。

私の知っている日本人にインドネシアの滞在期間が私より永い人がいる。いずれ祖国日本に帰って来る人もいれば、何かの理由で未だ帰ることができない人もいる。またインドネシアで骨を埋めようと思っている人もいるだろう。それこそ人の人生いろいろである。

私は偶然にも自分の望み通り二十世紀末をもってインドネシア勤務を終了する運びとなった。そして二十年間のインドネシア滞在中、私はいつも楽しく、喜びと幸せな気持ちをもって勤務できたと思う。

最後に私はインドネシアが今後ともアセアン（ASEAN）のリーダーとして益々発展・繁栄することを祈って止まない。

（完）

あとがき

私の通算二十年に亘るインドネシア勤務のことを振り返ってみると、年中暑い気候の中、大きな病気もせず、よくやってきたと我ながら思うのである。ただ五十代の半ばに原因不明の目まいがしたことはあったが、これも現地のメイドさんの快く引き受けてくれた野菜ジュース作りなどで回復した。もしそのまま病気が続いていれば、私は志半ばにしてインドネシア勤務を打ち切り日本に帰国せねばならないところであった。

そしてなによりも心強かったのは家族の理解と協力があったことである。これなくして私の二十年間のインドネシア勤務は成立しなかったのである。

そういうことを考えると、私のインドネシア勤務は家族を初めとして多くの人々の理解や協力そして支援があったからこそできたものである。

南国インドネシアの人々の朝は早い。早朝に空高く響き渡る甲高いコーランの祈りの声で暑いインドネシアの一日が始まる。仏教国で生まれ育った私は、最初の頃このコーランの声に悩まされた。しかし日が経つにつれ、いつの間にかこの声が目覚まし時計のようになってきて、ああ時間がきた、今日もこれから一日が始まるのだと思うようになった。その内にコーランの声が有難いお経の声と聞こえるようになると、それは立派なものだ。イスラム教国インドネシアにすっかり慣れた証拠である。私は完全にそこまでにならなかったが、それにほぼ近いところまで達していたと思う。

南国インドネシアは朝から強い太陽光線が遠慮なく射してくる。日中になるとそれこそ本格的にうだるような暑さがやってくる。一昔前まではこの昼間の暑い時にはあちこちの商店が閉まり、人々は「昼寝の時間」という休みのひと時を持ったものだが、近年になって殆ど「昼寝の時間」の話は聞かなくなった。それだけインドネシアの社会が変わってきた証拠である。

そして昼間のうだるような暑さが日没まで続く。日没ともなれば再びコーランの祈りの声が空を突き破るように響き渡る。そして昼間のあのうだるような暑さを忘れたかのようにすっかり涼しくなる。涼しくなると人は元気になる。夜ともなれば繁華街は賑やかになる。南国インドネシアの毎日はこの繰り返しであった。

あとは一年を通して乾季と雨季の二つの季節があるだけだ。曹洞宗の開祖道元禅師が詠んだ句：「春は花　夏ほととぎす　秋は月　冬雪さえてすずしかりけり」の如く日本には四季折々の変化はあるが、南国インドネシアの一年はこういった季節の変化はなく、ただ乾季と雨季の繰り返しで極めて単調である。

人々の服装もまた然りである。日本のように四季折々の服装は不要である。夏服だけで一年を通せるのである。服装面をみても南国インドネシアは単調なのである。

一方年中暑い国では我々の体力の消耗は激しく、疲れやすい。そして体力の衰えが早くきてそれだけ老《ふ》けやすい。インドネシアの人々が一般的に年よりも老けて見えるのはこのためであるのかも知れない。若い元気な時ならまだしも、年老いてくると毎日その暑さが身体にのしかかり、身体への負担が想像以上に大きい。このことは二十世紀の最後に近づいて、インドネシアで還暦を迎えた私にぴったり当てはまることであった。

またこの永かった二十年間のインドネシア勤務を振り返ってみると、それこそ楽しい時があれば苦しい時もあった。喜びがあれば悲しみもあった。仕事がうまく行く時があればそうでない時もあった。それこそ「喜びも悲しみも幾年月」のインドネシア勤務であった。

インドネシアに滞在中の思い出は尽きるところがない。書きたいこと、語りたいことはそれこそ山ほど沢山ある。その中でも特に指摘しておきたいことは「お互いに助け合う（相互扶助）」を意味する「ゴトン・ロヨン」（Gotong Royong）がインドネシアの人々の間に浸透しているため、豊かな優しい社会が形成されていることである。日本では陰湿な「いじめ」が多々あり、自殺に追い込まれる人がいるが、インドネシアではそのような話はあまり聞いたことがない。日本にも「ゴトン・ロヨン」の精神が人々の間に広く行き渡れば「いじめ」も減るのではなかろうかと強く思うのである。

今回「ゴトン・ロヨンの社会・南国インドネシアに生きる」と題して、私の二十年間の勤務のことを四つの時代に分けて書いてみた。そしてその時代毎に見たこと、聞いたこと、感じたことを思いつくままに書いたものである。これは私のインドネシアにおける二十年間の体験記であり、見聞録そのものである。決してインドネシアに関する資料をあちらこちらから集めて書いたものではないことを付記しておきたい。

最後に私が通算二十年の永きに亘ってインドネシアで勤務できたことは、家族、両親、兄弟姉妹、そして多数の友人・知人の皆さんのご理解とご支援があったからであり、このことに対し、この場を借りて心より深く感謝申し上げたい。またインドネシア滞在中には多くのインドネシアの人々の応援やご協力を賜ったことに対しても心より厚く御礼を申し上げたい次第である。

尚この本の出版に当たって関西図書出版の鎌田社長にいろいろとご指導頂いたことに対し厚く御礼を申し上げる次第である。

また今回、電子書籍化にあたってご指導、ご尽力いただきました（株）22世紀アートの村田京介氏並びに斉藤孝之取締役に対し厚く御礼を申し上げる次第である。

【著者略歴】

岩井　俊之（いわい・としゆき）

１９３８年　京都市生まれ

１９６１年　大阪外国語大学（現：大阪大学外国語学部）卒業（インドネシア語科）

同　　年　蝶理（株）入社

１９６６年　インドネシアに駐在勤務

１９９０年　インドネシア系企業に勤務

１９９９年　20年間のインドネシア勤務終了

ゴトン・ロヨンの社会・南国インドネシアに生きる
駐在勤務20年の体験記

2023年7月31日発行

著　者　岩井俊之
発行者　向田翔一

発行所　株式会社22世紀アート
〒103-0007
東京都中央区日本橋浜町3-23-1-5F
電話　03-5941-9774
Email: info@22art.net　ホームページ：www.22art.net

発売元　株式会社日興企画
〒104-0032
東京都中央区八丁堀4-11-10 第2SSビル 6F
電話　03-6262-8127
Email: support@nikko-kikaku.com
ホームページ：https://nikko-kikaku.com/

印刷
製本　株式会社PUBFUN

ISBN：978-4-88877-230-3